©Просвета

Влада Стојиљковић

# ПОЛОВИНА ПОНЕДЕЉКА

РОМАН

ПРОСВЕТА

*Понедељак, 22. април 1985.*

# ПРЕ ЧАСОВА
## од 7³⁵ до 8⁰⁰

Нове, беле, чисте, при врху мало повијене навише. Пет попречних редова рупица, и са сваке стране по два уздужна. Шавови; неколико разних шавова. Слева и здесна, нашивени комади тамноплаве коже, слични »штриклама«, почињу негде на средини, скрећу косо навише бивајући све ужи, и састали би се изнад пете да место споја не покрива каишић од чијег је слободног краја начињена гајка. Гајка једва приметно покрива ивице двају средњих слова у тамноплаво наштампаној речи NIKE.

Патике су дубоке, делују масивно, али у руци су лаке. Прсти који зађу унутра осећају мекоту поставе. Дуги и широки језик такође је мек: сунђерасто ткиво пресвучено танким сивкастом синтетичком материјом. Патике су умотане у лак мирис који убедљивије од свих њихових својстава објављује да су неношене.

Нашивена етикета преклапа равни врх језика; на дну оног дела који му је прешао на унутрашњу страну, испод кратког фабричког текста исписано је: MADE IN REP. OF COREA, и то је крунски доказ аутентичности. Та реченица доврхунила је Дечаково задовољство.

Он обу леву па десну, брижљиво затежући пертле да се не би уврнуле. Готово минут стајао је, обувен, пред огледалом у предсобљу, посматрајући патике и с лица и са оба профила. Онда оде у кухињу, згреја и попи шољу млека, узе из своје собе већ припремљену школску торбу, навуче лаку платнену јакну, изиђе из стана и закључа врата.

Полугласно имитирајући режање тркачког аутомобила у кривини, Дечак скрете у попречну, ширу, улицу. Десетак корака испред њега, пред улазом у омању жуто-љубичасту самоуслугу, стајала је збијена групица људи. Двоје-троје пролазника скретало је с пута и прелазило улицу да им се прикључи.

*Јој, није ваљда*, помисли он, намах се сетивши редова у којима се ту настајао између своје десете и дванаесте године. Најчешће се чекало за кафу, нешто ређе за детерцент и уље, а у неколико махова и за шећер. Неки пут је чекао стрпљиво, читајући *Алана Форда*; неки пут, у општем срљању, успевао да се прогура готово до самог чела; неки пут, прошавши и видевши да се ствара ред, трчао кући по новац па журио натраг да заузме што боље место. Испрва га је грејало сазнање да је сналажљив и да обавља посао важан за добробит своје породице (»као да је велики«, говорили су каткад Отац и Мајка); каткад би у реду планула шакалска свађа богата виком, псовкама, гурањем и гушањем, колачењем очију и кривљењем уста, свађа коју би са узбуђењем упијао и са уживањем препричавао; ипак су му се редови брзо смучили. Дреждећи пред самоуслугом, гурајући се и трпећи гурање, удишући задах зноја и кварних зуба, бројећи људе испред себе, узимајући своју норму робе, осећао је да се чини неправда.

Једноставне потрепштине престале су бити обична куповина и постале налик на дивљач: човек им је морао ићи по трагу, бити издржљив, стрпљив и вешт;

час их је бивало, час није; чак и онда кад је знао да су ту, није могао бити сигуран да ће их на крају заиста и уловити. Најзад су се прилике којекако довеле у ред, па је готово заборавио своју озлојеђеност; тек је по некој подсвесној рачуници знао да је прошло отприлике две године откако су редови нестали.

— Извините, шта се дели? — рече. Тек кад је изговорио своје питање, паде му на памет да је употребио чудан глагол: с једне стране погрешан, јер подразумева бесплатност, а са друге тачан, јер за сву робу за коју се стајало у редовима и која је практично била рационирана говорило се управо тако: да се дели. *Куповати и продавати* били су резервисани за нормално трговање.

Продавац из суседне месаре, у белом мантилу са мрљама животињске крви, окрете главу за тренутак. — Ништа. Зар не видиш?

Дечак се пропе на прсте и преко неколиких глава виде да су стаклена врата самоуслуге затворена и да у њој нема купаца. Негде у дну назирале су се продавачице, пословођа и два милиционара.

Девојчица која је стајала испред самих врата погледа на сат, окрете се и провуче између посматрача. Он прво примети покрет, па тек онда њу.

— Каћа — рече, обрадован што једног од сведока познаје, макар и површно.

— Е, здраво — рече она.

— Шта ће ова мурија у самишки?

— Један туко касирку, па су их звали.

— Туко? Зашто?

— Не знам, нисам била од почетка.

— Бивши муж — рече проседа жена са длакавим младежом изнад угла уста. — Знам га из моје зграде.

— Ја сам чула да јој није муж, него швалер — рече жена поред ње.

— Муж — није се давала прва. — Бивши муж.

— Идеш? — рече Каћа и показа главом у правцу школе.

— Сад ћу.

— Ма какав муж — рече месар. — Лопов. Натрпо пуну корпу ствари, дошо на благајну, све нормално, касирка откуцава, а он само трпа у цегер. И кад му је дала блок, он излетео напоље.

— И ви сте то видели?— заједљиво рече жена са младежом. — А стигли сте после мене.

— Изгледа да је имао ортака у колима — рече месар, не осврћући се на њу.

— Није нико крао — рече младић у смеђој кожној јакни. Ја сам био од почетка.

— Него шта је било? — увреди се месар.

— Дошли да хапсе пословођу. Изгледа да је... — и младић остави реченицу да виси.

Дечак тада примети да Каће нема. *Још ћу и да закасним*, помисли и продужи према школи, веома срећан због тога што се испоставило да посматрачи пред самоуслугом нису ред.

*Историја*, помисли Дечак, *матиш, српски, биологија, геца; убићу се ко сироче*. Радни су дани варирали, од невеселог петка до безболне среде, али понедељку нису били ни принети. Понедељком, ионако непријатним зато што је понедељак, терет је био најтежи. У српскохрватском и биологији наставници су здушно сузбијали све што би му могло бити занимљиво. Историја је била сплет произвољних догађаја, филм по недотупавном сценарију, њој није могла помоћи ни разборита и драга жена која ју је предавала. За рвање с математиком требало је више методичности но што је он обично имао; а географија је била начичкана статистичким подацима, те се непрестано саплитао о милиметре падавина и тоне боксита.

Дечак помисли на Сестру, две године млађу, коју је Мајка тог преподнева требало да довезе кући из болнице. Оперисана од крајника, Сестра је – сасвим легитимно, дејством више силе – читавих шест радних дана била поштеђена школе. *Два понедељка!* помисли Дечак, помало жалећи што су његови крајници добро очувани. Но, Сестра је увек пролазила боље од њега, или му се бар тако чинило.

Историја, математика, српскохрватски, биологија, географија, понедељак. Смеша је била опака, утолико више што је за тај понедељак био заказан писмени задатак из математике. Уз то, Дечак је био прилично сигуран да га на часу географије чека прозивка. Нове патике давале су духу нешто отпорности, али ни оне нису биле довољне. Како је одмицао ка школи, тако је њихово дејство слабило.

»Средоземна област има благу средоземну климу«, рече он у себи. То је била реченица из уџбеника географије; већ ју је неколико месеци знао напамет и призивао као бајалицу сваки пут кад би га превише заокупиле црне мисли о школи. Радо ју је говорио и наглас, у друштву. Јасно је казивала да су Они јачи од њега хијерархијски, али не и интелектуално; да их је прозрео. Доносила му је смех, или бар осмех. Онда му је бивало лакше.

На зеленим лименим таблама које су заклањале градилиште, преко плаката за концерт Dire Straits, били су излепљени нови, са Недом Украден. Дотерана млада жена у црном комплету са панталонама стајала је право, држећи руке дополa завучене у џепове жакета и гледајући изнад пролазничких глава. Плаката је било седам или осам, у низу, и сваки тај општи смењивао се са конкретним, белим, на коме су крупна црвена слова, сложена укосо, саопштавала: ЗОРА ЈЕ. Другим слогом и крупнијим словима, али истом нијансом црвеног, писало је: N E D A. Испод тога, знатно ситнији, били су подаци о датумима, сатима и улазницама.

Велика фотографија у боји, црвенило слова и бела позадина чинили су плакат прилично упадљивим – у сваком случају, кудикамо живљим од онога за Dire Straits, на коме се није дешавало ништа сем натписа: малокрвних црвенкастих слова на малокрвној сиво- -плавој позадини и нешто белог текста испод њих. Дечаку ипак би помало жао што је тај други оживео своје и готово се сав изгубио испод новог. Жао не из љубави за ту групу (Duran Duran & Spandau Ballet значили су му много више) или склоности ка аскетском дизајну, него због малог правописног мангуплука: на плакату је стајало: dIRE sTRAITS.

То му је деловало као откровење. *Гле! и овако се може.* Пријало му је што се нашао неко ко је кренуо мимо свих осталих (и већине, која би написала Dire Straits, и мањине, која би написала DIRE STRAITS или dire straits), а дивио се – чак са мрвицом зависти – том Неком зато што му је досетка била у суштини једноставна: само је требало једно правило окренути наглавце.

*Шта бих и ја тако могао?* мислио је Дечак. *Јој, да и ја тако нешто провалим.*

Одмах до градилишта стајала је берберница са дугим уским огледалом уметнутим у рам поред врата. Пролазећи, он махинално окрете главу на ту страну.

Није се веселио свом лицу. Висином је био сасвим задовољан, пропорцијама нешто мање (каткад му се чинило да су му руке предуге), али очима, устима, ушима и носу сваки час је налазио замерке. Једино му је била потаман брада, ни превелика ни премала, ни избачена ни увучена.

Коса је била мука за себе. На челу и слепоочницама заузимала је већу територију но што јој је по праву припадало; одупирала се чешљу; преко извесне дужине била је склона коврцању. Спасавао се држећи је кратком – нарочито са стране и позади, где није достизала ни сантиметар. Главнини, од чела до темена, допуштао је битно већу дужину, а чешљао ју је, колико је могао, право навише. Срећна околност била је у томе што су такву фризуру имали многи.

У филмовима, у стриповима, овде-онде и у стварном животу, било је људи по чијим би лицима био спреман да моделира своје. Не толико због правилности црта, колико стога што су била *довршена*, онако како је довршена зграда у коју су се уселили станари: може понеко застаклити балкон, може се после неколико година фасада окречити другом бојом; свеједно, суштинских промена више неће бити, зграда ће остати неизмењена догод је не сруше. Своје лице доживљавао је више као портрет на коме сликар још ради, и мало је било детаља за које је сигурно могао рећи да ће у коначној верзији остати исти.

Надао се да ће на крају све испасти добро, или бар прихватљиво, али знао је да ту не може ништа. Корпуленција, мишићавост и опште држање могу се без превише труда регулисати мање-више по жељи; лице се опире. Тако је само регистровао промене. Донекле га је умиривала извесност да га, ма шта с лицем било, нико неће звати Ушке или Зуба.

П ред Зокијевом кућом Дечак стаде, високо подиже главу и зазвижда. Сигнал се састојао од двеју кратких нота, одсвираних трипут заредом, без паузе; потсећао је на сирену Хитне помоћи. Десетак секунди чекао је да Зоки отвори свој прозор на трећем спрату и довикне: »Идем!« Пошто се није десило ништа, он поново зазвижда; док је још гледао навише, капија се отвори и Зоки истрча на тротоар.

— Већ сам мислио да си отишо — рече Дечак.
— Нема шансе, човече.
— Закаснићемо.
— Ма какви, стижемо царски. Еј, шта је, стигле најкице?
— Стигле — рече Дечак, и за тренутак их погледа у ходу. Било их је лепо видети. — Јуче се вратила та кевина колегиница.
— Из Турске, је л тако беше?
— Из Грчке.
— Супер.

Дечак је знао да ће Зоки то рећи. Неко други јамачно би похвалио марку својих патика, или бар настојао да провери јесу ли Дечакове заиста MADE IN REP. OF COREA; Зокију је просто било мило што се његовом другу испунила жеља. (Уосталом, и он је носио Nike; заједно с Дечаком, припадао је фракцији која им је давала предност над *старкама*.)

— Требало је да донесе тек данас — рече Дечак. — У канцеларију. Али купила је неки лек за једнога коме је као хитно, умреће ако не добије, не знам ни сам. Углавном, тај станује две станице испод нас, па је онда понела и најке за мене. Синоћ.

– Мора да си се шлогиро – рече Зоки.

– Човече!

Пут до патика био је дуг и кривудав. Дечак је морао најпре – и то је било најтеже – обрлатити родитеље немајући никаквог стварног аргумента, ничег сем голе жеље; а они су се и те како имали чиме бранити. (Наравно, знао је да говоре истину понављајући да немају пара – и да, уопште, породичне финансије иду са зла на горе – али жеља се није дала угушити. По њеном диктату, смишљао је противразлоге: »сви то носе«, »јесу скупље, али дуже трају« и »ево, немојте да ми купите онај џемпер; снаћи ћу се с овим старим«. Родитељи су обарали противразлоге; он је парирао говорећи да ће се издатак већ некако надокнадити; то *већ некако* било му је последња резерва. Даље узмицати није смео, иза *већ некако* било је дно бунара, свеопшта тама, пораз. Морао би живети у домаћим патикама, малтене изопштен, бела врана међу онима који носе Nike или All Stars. Па чак ни то не би био крај, у таквој судбини било би и нечег горег: остао би без двају предмета који су у његовим очима били отеловљење Лепог. На Nike је реаговао из дубине, оне су му биле пресудна разлика између сунчаног и облачног живота.)

Кад су се Отац и Мајка ипак предали, требало је купити девизе. У принципу, није их било тешко наћи, увек је неко познавао »једног дилера што продаје марке«, али Оцу је тешко падала мисао да мора платити провизију, никад мању од десет одсто, »маму им јебем, ето како се богате на наш рачун.« Друга варијанта, неко ко продаје девизе »по цени«, ма колико сасвим изводљива у стварном животу, била је више божански хир него редовна појава; у њу се није ваљало уздати.

Уза све то, некако је само по себи испало да се издатак мора удвостручити: родитељски морал налагао је да патике буду купљене и Сестри.

Онда је дошло чекање на стицај околности. Отац и Мајка нису могли приуштити себи пут у иностранство, чак ни кратак упад у Трст; остајало је само једно: наћи неког ко се спрема на пут (по могућности у Грчку), а вољан је да донесе два пара патика. »Ко ће се данас примити да ти донесе два пара«, вртела је Мајка главом, »и један је много.«

На крају је посао обављен у две фазе. Прво се посрећило Сестри: мајка њене добре другарице лако је пристала да с пута донесе пар патика више. Обе девојчице носиле су исти број и хтеле исту марку. Дечак је морао сачекати још неких месец дана, све док једна Мајчина колегиница није отишла на службени пут у Солун.

Кад се школа појавила на видику, Дечак рече: »Причао ми Трапосов брат: кад му је у војсци остало још сто дана, купио кројачки метар. И онда сваког јутра секао по центиметар.«

— Добар штос — рече Зоки. — Нама не би ни толико требало.

— Сине, знаш шта... — и Дечак застаде у говору. Превише се речи гурало у први ред, да искажу колико му је дотужило све што школа значи; за тренутак није знао коју да пропусти. Бити ђак (и то ђак најнижег реда: основац), улазити у исту зграду већ више од седам и по година, напамет знати наставничка лица и карактере, живети окружен императивима реченим или подразумеваним, готово физички стешњен...

— Не знам да л' ћу да доживим тај јуни — рече најзад — па да се родим.

И одмах зажали. Формула је била туђа, запамћена па поновљена, прекопирана; спадала је више у говор Мајчин, или Очев (и говор одраслих уопште), неголи у његов; могао је смислити своју, али није; зашто није?

— Полудећу од школе, кеве ми моје — настави сместа, не би ли ипак рекао нешто своје и поправио ствар. — Добићу галопирајућу неурастенију са шизофреним тенденцијама.

Зоки се насмеја. — Си наиван, човече. Ко да после јуна неће бити школе.

— Биће, ал' не више основне.

— Ех, јеби га — рече Зоки — као да је у средњој боље.

— А што не би било?

— А што да буде?

Дечак се лецну. Како би могло не бити боље? Како се може сумњати у аксиом? (Или бар: у такав аксиом.) Основну школу доживљавао је, већ доста времена, као дожвакану жваку: одавно је апсолвирано све што је било ново и свеже, остао је само траг неког укуса, жвакање се наставља по инерцији, тек толико да уста не буду празна. Откуд Зокију — другу, истомишљенику — та неверица?

Или је мислио само на режим? У средњој школи, на пример, допушта се мање неоправданих изостанака; можда се на таквим стварима заснива његова скепса. И Дечак рече:

— Мислиш, строже је?

— И строже... и уопште.

— Шта уопште?

— Има више да се учи, јеботе, испадају ти очи бубајући. Ово што ми учимо... то није ништа.

— Знам — рече Дечак, делом зато што је заиста знао, а делом да Зоки не би мислио да он не зна. Али чему уопште тај аргумент? Зар не боде очи колико је видљив?

Није се уклапало још нешто: Зоки је био одличан ђак, бољи од Дечака, бољи од већине уосталом; отпор према будућем учењу није личио на њега. *Испадају ти очи бубајући* могло је значити само то да Зоки више није онај исти. И то одскора, веома одскора: њих двојица су били најбољи другови, да је било других знакова Дечак би их свакако приметио.

— Код нас — рече Зоки — ко учи два сата дневно, тај мора да буде одличан, гарантовано. (Ма шта два, и мање.) Сем ако није потпуни ментол. А тамо ти је два сата... ништа, тек толико да не вучеш кечеве.

— У, у! — рече Дечак. — Господин су нешто мало претерали.

*Господин* уз треће лице Дечаку је служио као појачивач коментара. Наравно, догађај је то морао завредети, морао је бити упадљиво неуобичајен. Зоки би се по правилу надовезивао, говорећи Дечаку једну од двеју стандардних реченица: »У праву сте, господине« или »Серете, господине«; али овог пута продужи као да ништа није чуо.

— И још имаш предмет више: марксизам. Можеш мислити које је то весеље.

*Дааа, марксизам*, помисли Дечак, и би му хладно око срца.

— Па добро — рече — али у трећој години већ губиш масу предмета. Ако узмеш природни смер...

— Да, само док дођеш до треће године... порасту ти рогови.

— Сад већ озбиљно забринут, Дечак рече: »Кизо, који ти је мој од јутрос? Ко да си пишо на коприве, јеботе.«

— Није ми ништа. Не знам шта би требало да буде.

— Па видим: како ја поменем школу, ти одма...

— Ја одма, шта?

— Уједаш.

— Па?

— Не личи ми на тебе.

— Растем, човече; сазревам. Сурова стварност руши... не: сурова стварност развејава у прах и пепео моје последње дечачке илузије о школи. Опраштајући се са детињством, ја се у исто време опраштам и са...

— Добро, добро.


— Нике патике? А где ти је мајица аждајица?

Веснин глас иза њих био је подругљив — што се и могло очекивати од неког ко носи *старке* — али не превише, не изазовно. Тон је казивао, отприлике, »ниси ти лош човек, далеко од тога, али у патике се не разумеш«. *Мајица аждајица* била је, извесно, додата аутоматски, као саставни део крилатице, ради потпуности цитата; Весна је тешко могла имати разлога да и на њу гледа свисока. По Дечаковом искуству, Лакостов зелени крокодилчић није одбијао ниједног његовог вршњака; напротив, уједињавао их је, док су их патике делиле.

Дечак и Зоки окретоше се у исти мах.

— Мајице не држимо — рече Дечак. — Засад само патике.

— Ти то зовеш патике? — и Весна театрално узви обрвама.
— Наравно; нису то опанци као ове твоје.
— Ти ћеш да ми кажеш.
— И хоћу, да знаш; кад неко живи у мраку незнања, треба га поучити. »Знање је сила, знање је моћ, учите, децо...«
— Је л га често тако хвата? — рече Весна Зокију.
— Само кад види старке.
— »...и дан и ноћ« — доврши Дечак.
— У реду, знам да знаш — рече Весна и одвоји се од њих, убрзавши да стигне Јелену. Јелена је ходала десетак корака испред њих. Носила је All Stars.

Школа је била обрасла графитима. Исписани кредом, фломастером, масном бојом, спрејом — или просто угребани у зид — дизали су се по зидовима до највише дохватљиве тачке; овде-онде и прилично изнад ње. Најгушћи су били на зидовима сале за гимнастику; најређи испод прозора учионица. Дечаку су — кад је о њима уопште и мислио — деловали као да су одувек били ту, као да их је архитекта предвидео пројектом. Ретко би му пао у очи понеки свеж: крупно тамнозелено ПИРКЕ или ЦЕЦА, или угласто *IRON MAIDEN*, или PUNK'S NOT DEAD (црно NOT било је истог дана прекрижено црвеним спрејом), или ЗОРАН са кругом око А. (Уопште, на много је места А било заокружено, што у нечијем имену, што као самостално слово. Дечаку је годило што зна да је то знак за Anarchy; био је сигуран да већина црта круг зато што сви тако раде.) Сећао се времена кад се на доњем делу капије, на црно обојеној лименој плочи, појавио натпис: ALCATRAZ. Два или три прва дана, додуше, наставници се нису на њега освртали, али онда је неко од њих прокљувио у чему је алузија. Тај тренутак су ђаци чекали потајно се смејуљећи и помало трнући од узбуђења; ипак, експлозија се није десила. Наставници јесу показали извесно увређено чуђење, и многи су га исказивали на часу, јетко или разочарано или срдито; ALCATRAZ јесте био премазан; али истраге није било. Штавише, кад је после неких месец дана обновљен (на зиду поред улаза), оставили су га на миру.

Дечак је већ увелико био престао писати по зидовима и капијама. Тек веома ретко писао је прстом по задњим стаклима запуштених аутомобила: ОПЕРИ МЕ, или: ОПЕРИ МЕ, БУДАЛО. Презирао је навијаче који су у походима на стадионе остављали за собом ZULU WARRIORS или BAD BLUE BOYS или HOOLIGANS FROM PANCHEVO. Налазио је задовољства само у графитима који су нешто саопштавали, који нису били пука имена. Таквих је, наравно, било мало; зато је осећао завист гледајући — у часописима и каткад на телевизији — енглеске и француске графите и њујоршке композиције на зидовима зграда и вагонима метроа. Вукло га је да смисли и испише неку провалу; у глави је држао: ПИРОМАНИ, ШТА ФАЛИ МОЈОЈ ШКОЛИ? и: ЈА БАР СХВАТАМ ДА САМ ГЛУП; али није био сигуран у њихову вредност, а није имао ни спреја. Писати нечим другим није му се чинило вредним труда.

У холу закорачише у разређен мирис кухиње. Није се дало разабрати шта улази у ту мешавину: некадашња бела кафа, да; некадашње уље и запршка, такође; некадашња супа, некадашња паштета, али не само то; тукнуло је и на неколико мање-више отужних ствари за које се могло поуздано рећи само једно: да су јестиве органске материје одавно утрошене. Што се више ишло уза степенице, то је мирис, наравно, слабио; кроз њега је пробијала дотле потиснута основа: воњ помало налик на онај који се осећа у стану где живи беба. У њему није било агресивних састојака, ништа није допирало ни из клозета ни из фискултурне сале; просто је ваздух био другачији, другачије замућен него у холу, ваздух зграде у којој сатима дише безмало хиљаду плућних крила и која се никад неће проветрити до краја.

Дечак је, као и сви остали, већ годинама био помирен с мирисом своје школе и готово га није ни регистровао, сем понедељком, после два дана каквог--таквог али свакако бољег ваздуха. Наравно, и тада се аклиматизовао веома брзо: било је довољно да три-четири пута удахне и издахне.

# ПРВИ ЧАС И ОДМОР
од 8$^{00}$ до 8$^{50}$

Пролазећи поред Неше, Дечак успори корак. Неша му је већ неких пет недеља дуговао шездесет динара; по најновијем обећању требало је да му их врати тог дана. Дечаку је већ било дојадило тражити свој новац натраг и слушати класичне дужничке одговоре; упола се надао да ће му се Неша овог пута обратити први и рећи: »Еј, донео сам ти лову.« То би био расплет једноставан и пожељан, а у сваком случају довољан да се одуговлачење опрости и равнотежа поново успостави. Дечак је волео чисте рачуне у свему.

Али Неша је мирно скидао зелени омот са жвакаће гуме и размотавао изрецкани станиол.

*Битанго неопевана*, помисли Дечак и рече: »Шоне?«

Неша одви гуму, стави је у уста, згужва омот и станиол, и сасвим мало окрете главу улево и навише, према Дечаку.

— Јеси донео лову? — рече Дечак.

Неша одмахну главом и поче вртети згужване папириће међу длановима, правећи од њих чврсту куглицу.

— Па кад ћеш? — рече Дечак.

Неша баци куглицу на Снежану, и промаши.

— Донећу — рече.

— Шоне, ти ми стопут већ »доносиш« па никако да донесеш. Које су ти то форе?

— Није ми дала кева.
— Боли ме уво што ти није дала, нађи.
— Где да нађем: на улици?
— Где оћеш, твој проблем. Треба ми лова.
— Е, јака лова: шес коња! Шта хистеришеш ко да си ми дао милион? Да нећеш да умреш без шес коња? Нисам знао да ти је толко стало за паре.

Дечаку се очи раширише. Нешина тактика дотад је била само одбрамбена, сачињена од извињавања, обећања, врдања, и изговора правих и лажних. Дечак је одавно био навикао на све те састојке и сматрао их неизбежним код људи (и себе); ако му и нису годили, бар су спадали у природан ред ствари, као лапавица или глад; али овај противнапад био је нешто ново. Нешто од чега је осетио бол у плексусу, згранут над логиком намерно извртнутом наопако и неприпремљен на тако јаку дозу злобе.

Узгред примети да му је вруће по образима, и да му се гади гледати равномерно кретање Нешине доње вилице.

— Шта рече?
— Чуо си ме — рече Неша — ниси ваљда глув?

Дечак га удари песницом испод леве јагодице.

Неша се занесе удесно, мало раширених руку, и заједно са столицом належе на Цалета, свог парњака у клупи. Онда се одупре о сто и стаде се подизати.

Дечак га удари још једном, у готово исто место, и свали га натраг.

— Још се *ти* буниш! Још се *ти* буниш!

Бола у плексусу више није било; ударци су много шта довели у ред; високо усредсређен и сав у власти своје срџбе, Дечак је функционисао веома ефикасно. Неким је начином поимао да себи чини добро, као да гладан једе меса или болестан пије врућ чај.

— Кога, бре, ти удараш... — поче Неша.

Дечак стеже десну шаку у песницу, али узалуд: већ је осећао како га неко с леђа хвата за мишице, и видео да Цале држи Нешу за лакат.

— Пусти ме — рече оном Неком.

— Заједи, бре! — рече Неко; сад је било јасно да је то Моча Кез.

— Шта вам је, кретени? Оладите мало — рече Цале.

— Чекај, чекај — рече Неша.

— Иде Камила! — рече Снежана.

Групица се растури. Моча повуче Дечака корак-два унатраг, од Нешине столице ка његовој. За то се морао јаче напрегнути. Дечаку се није одступало — обрачун је остао недовршен а срџба неутрошена; уз то је и публика могла погрешно протумачити његов пребрз повратак на место — али избора није имао. Туча се заиста није могла наставити, било јој је отето оно најбитније: континуитет. »Добро, добро«, промрси Дечак. Моча га ослободи и оде; он пође натрашке ка својој столици да поред ње сачека историчаркин улазак.

Зашто су је звали Камила, није знао нико. Надимак су, заједно с њом, наследили пошавши у пети разред. Она га је добила у школи из које је прешла у њихову (како се проширио и међу њима, такође није знао нико), те му нису могли прокљувити порекло. У томе је била другачија: надимци осталих наставника настали су у Дечаковој школи, и били разумљиви свима. Њеном се није могло ући у траг — мада је, наравно, испрва било неколико хипотеза — и на крају је прихваћен без објашњења. Који пут су је из милоште звали Камилица, наглашавајући трећи слог. У сваком случају, није имала ничег камиљег, онако омалена, интелигентна и живахна.

— Племенита вештина? — прошапута Мирка.

Дечак извади из торбе *Историјску читанку* и стави је на сто. Није му се говорило о чарки и Неши, али Мирка му је била блиска, Мирку је највише ценио међу девојчицама, с Мирком се сјајно дружио.

— Ма није то ништа; тек ће он да види шта су батине.

— А што сте се шорали?

— Причаћу ти.

— Није ваљда због оне лове?

— Аха.

— Још ти није вратио?

— Ма какви.

— Е, стварно је идиот!

— Ћути, гледа те Камила.

Мирка се исправи, удеси недужно лице и погледа историчарку право у очи. Она јој мало припрети прстом, не застајући у говору. Дечак отвори *Историјску читанку*.

— Не треба ти књига; мене слушај! — рече историчарка. — Књига је за код куће; у школи имаш да слушаш кад наставник предаје и да се правиш да ти је интересантно.

Разред се закикота. Дечак се широко осмехну и заклопи *Читанку*. Радовао се: била му је тешка. Чинили су је углавном ратови и припреме за ратове, људи су у њој гинули као муве: српска војска у Албанији, црвени и бели Руси, седам секретара СКОЈ-а, интербригадисти, Абисинци, Шпанци, амерички морнари у Перл Харбуру, камиказе, игманци, деца; свет је био наопак и опасан по живот. Једино је у последњем поглављу било нешто ведрине: победили су савезници, настао је мир, основана ОУН; последње поглавље деловало је као хепиенд. Но, ту су се, опет, појављивали изрази с којима Дечак није знао шта би. Неке је просто учио напамет, не тражећи им смисла, надајући се да га историчарка неће питати шта су *стваралачке снаге* или *основни организационо-политички елементи друштвено-политичког система*.

— ...и овамо и онамо, али се ипак све више приклањала Немачкој — говорила је историчарка. — А од деветсто тридесет пете, кад је на чело владе дошао Милан Стојадиновић, то је већ отворено профашистичка политика. Отворено профашистичка политика. То је било јасно као дан. Држава се све више везивала за Хитлерову Немачку, и економски и политички. Ту је крупни капитал видео за себе и те какву корист, а радила је и немачка пропаганда, и, да се разумемо, политички врх је сматрао да ће Немци победити, па онда је боље бити уз њих. И на крају је влада Цветковић — Мачек — мир, нисам још готова! — на крају је влада Цветковић — Мачек приступила Тројном пакту такозваних сила осовине, то јест Немачке, Италије и Јапана. (То је још познато и као »осовина Рим — Берлин — Токио«). Документ о приступању потписан је у Бечу двадесет петог марта деветсто четрдесет прве; тог истог дана избиле су у земљи масовне демонстрације које је организовала КПЈ. Оне су достигле врхунац двадесет седмог марта; запишите: двадесет седмог марта...

*Јеботе*, помисли Дечак; било му је наједном синуло да ће и садашњост једног дана бити историја. По уџбеницима ће писати: »За осамдесете године двадесетог века карактеристично је...«, или: »У 1985. години одиграле су се значајне...«, или чак: »Средином априла 1985. године почело је...«; а све то нешто већ се дешава, или се десило; у Југославији; у Француској; у Јапану; у Африци; свуда. Земље ратују, владе падају, масе демонстрирају; можда баш сад неки Гаврило Принцип пуца у неког Фрању Фердинанда, можда већ нека атомска бомба пада на Хирошиму, Фердинанд је клонуо са просутим мозгом, у ваздуху се формирала печурка...

Или се дешавају преокрети без експлозија: ето, притегнут је последњи завртањ на роботу који ради све кућне послове а јефтин је као фрижидер. Ако не то, онда проналазач управо диктира дактилографкињи опис машине за телепортацију масе претварањем материје у млаз фотона. Или згрануги астронаут гледа како се његовом броду примиче огромна кугла од провидне пластичне масе, а у кугли седе и машу му ванземаљци.

И од тог датума рачунаће се неки део историје, као Нови век од открића Америке.

Дечак је први пут у животу мислио на такав начин, и са прилично узбуђења хватао је сваку нову мисао која би му искрсла. Било му је као да неко други мисли, а он само чита те туђе мождане сигнале; радовао се запажањима; изненађивали су га закључци. То се дешавало потпуно независно од историчаркиног гласа, од гласова ђачких, од кашљања, шапутања, шушкања свезака, шкрипе помераних столица, од звукова људских и саобраћајних на улици; неколико секунди живео је искључиво у новорођеном сазнању да се историја заиста збива.

Све док му није дошла мисао да не зна о чему се ради. За осамдесете године двадесетог века карактеристично је шта? У 1985. години одиграле су се значајне шта? Срединой априла 1985. године почело је шта?

*Ту сам, а не знам*, помисли Дечак. Шта ће бити историја? Инфлација, Ирак – Иран, глад у Етиопији, Косово, седнице ЦК? Шта ће бити једна реченица, шта цела страна? Шта цела лекција?

Ко то просејава, ко то процењује, који то људи одређују да »ово улази у историју« а »ово не«? Дечаку постаде необично важно да докучи како историја настаје: готово је дословно видео све људе света како тргују, пуцају, пројектују, саде дрвеће, лију челик, подижу хидроцентрале, ору, шпијунирају, кроје панталоне, рендају даске, штрајкују, склапају моторе, копају угаљ, лове рибу, полажу шине, подмећу експлозив, контролишу саобраћај, ваде зубе, ударају печате, лакирају скије, роне, шију, перу улице, наређују, извршавају, а нико не зна да је део нечега што ће се коју годину касније назвати »успон грађанске свести« или »набујале противречности« или »привредна и друштвена стагнација« или »нагли заокрет« или »снажан замах« или »главни узрок« или »неумитни процес«, или већ нешто чиме се описује збир готово непојамног броја људских живота и послова.


Примети да га је испод леве лопатице двапут-трипут притиснуло нешто танко, тврдо и умерено шиљато: јамачно хемијска оловка. Не окрећући се, знајући да му се то јавља Горан, он се наже унатраг.
– Шта је?
– Имам сеансу – рече Горан.
– Кад? Вечерас?
– Аха. *Полицијска академија*.
– Гледао сам.

— Шта то има везе, гледо сам и ја. Супер филм.
— Мислио сам да имаш нешто ново.
— Ћале треба да добије *Рамбо 2*. Од једног пајтоса. Али не знам кад.
— Па онда боље *Ватрене улице*.
— Дао сам Цалету. Он има неког кума, преснимиће му за џабака. А шта ти фали *Академији*?
— Ништа.
— Па је л долазиш? Биће Саша и Трапос.
— Око осмице?
— Тако. Зврцни ми после вечере.
— Важи се.


Горан је имао мноштво предмета на којима је писало SONY, или Texas Instruments, или TDK, или Parker, или BALLY, или AN I WAS LORD KITCHENER'S VALET PRODUCT, или Hallmark. У неколико махова делио је са пријатељима чоколаду Suchard или Cadbury's. Натписи на пластичним кесама у којима је носио шортс и мајицу неки пут су били савршено јасни, као Dubai International Airport, а неки пут неразумљиви: ÅHLÉNS или El Corte Inglès. За његове родитеље Дечакови су говорили: »Скоројевићи!« Дечак је налазио да се Горан у тај опис не уклапа, ма колико изгледао *другачији* у Мекгрегоровој јакни и Петридисовим мокасинама. То се донекле могло и видети: недостајали су му битни атрибути шминкера, понајпре она извесна свест о одећи и склоност ка гајењу *имиџа*. Горан је уосталом избегавао ту секту својих вршњака. (Додуше, пазио је на косу и увелико ишао код свог фризера.) Но, Дечак је имао и поузданије мерило: неко ко би Горана могао слушати а не видети, не би успео да закључи ништа о друштвеном и новчаном положају његових родитеља. Не би чуо ни прејак београдски изговор, ни брижљиву модулацију гласа; свакако се не би помињале дискотеке, новоотворени бутици и Италија, или бар не његовом вољом. Енглеске плоче, јапанске електронске игре и немачки фломастери — каткад чак и понека мајица или џемпер — лако су од Горана одлазили другима на растегљивих »неколико дана«, и прилично су ретке биле седмице у којима је сва његова својина била код њега. Од четворо власника видео-рикордера, колико их је у одељењу било, он је најчешће позивао на »сеансе«; у његовој се кући Дечак науживао гледајући комедије, авантуристичке филмове, и свеже спотове енглеских рок-група.

Оставши заваљен у столици, дланова положених на сто, Дечак се наједном осети блажено. Из чарке са Нешом био је изашао згађен, и пријало му је што седи испред пријатеља Горана и лево од пријатељице Мирке.

— Гледај — рече Мирка.

На последњој страни њене свеске Дечак виде једно веома брижљиво исписано ВОКI. Слова су била добрих пет сантиметара висока, шрафирана, извучена црвеним фломастером и осенчена да делују тродимензионално. О је било нацртано као цвет са десетак латица, а уместо тачке на I стајало је мало, стилизовано срце. Око свега тога био је китњаст рам у две боје: светлоплавој и љубичастој.

— А?

— Ти ниси нормална — насмеја се Дечак. Ту су реченицу радо говорили једно другом; чешће је значила дивљење него покуду; овог пута је дивљења било мало. BOKI је већ месецима клијао по Миркиним свескама и уџбеницима; био га се нагледао у мноштву варијанти: хемијска оловка, фломастер, туш, латиница, ћирилица, темпера, црвено, плаво, зелено, црно; једном се згрануо видевши целу страну вежбанке за ОТО уредно дезенирану тим именом: црним тушем BOKI, црвеним фломастером срце, црним тушем BOKI, црвеним фломастером срце, од почетка првог реда до краја последњег, свакако више од стотину пута.

Као посебно драг Миркин друг, није био поштеђен ниједног њеног податка о Бокију. До једног — адресе — дошао је директно: била га је намолила да заједно с њом обилази околне зграде и проучава спискове станара. Знала је улицу, али не и кућу. Имали су среће: његово су име нашли у седмој или осмој згради. Дечак се осећао двојако: с једне стране, то је ипак била каква-таква авантура, нешто мимо редовног тока ствари; са друге, чинило му се глупим учествовати у подухвату који је мирисао на поремећену душевну равнотежу. У тој потајној мисији било је, по њему, нечег недоличног, просјачког. »Стварно си откинула«, говорио је, »шта ти је важно где човек станује? Зашто се глупираш?« (Хтео је рећи »понижаваш«, али се уздржао.) »Кењај«, одвраћала је она ведро, бодро, непоколебана, и грабила ка следећем улазу; Дечак је убрзавао корак или говорио: »Полако, стићи ћемо«, и све време се питао откуд јој толико вере и елана.

Боки, студент геологије и власник »хонде«, није знао ништа о Миркиној љубави; штавише — био је убеђен Дечак — није знао ни да Мирка уопште постоји, мада је становао на пола пута између школе и њене куће. Мирка, са своје стране, није чинила ништа да се с њим упозна; само је пролазила поред његове капије и оближњег кафића у који је залазио. За те проласке посебно се облачила. Тврдила је да ће је он кад-тад запазити; »шлогираће се на лицу места«, говорила је, али Дечак је на то само одмахивао руком, уверен да она не тражи ништа више до да Бокија који пут види: »Па ти би пала на дупе кад би ти он стварно пришо«. »Мислиш ти«, одговарала је свисока; »бежи, бре, немој да ме засмејаваш«, говорио је он. Релативно је добро познавао девојчицу чији се старији брат дружио с Бокијем; нудио је Мирки тај канал; одбијала је, »то је баш сељачки, било би ме блам«.

На неки начин, Мирки је био сличан Гага. Заљубљен у Лидију, ишао је редовно у други крај града да је посматра док тренира рукомет и да јој се потом понуди за пратиоца до куће. Она је то јавно препричавала, гласно се смејући; он се није бранио, није се дао збунити, није му сметало што сви знају да је он опседа и редовно бива одбијан. Издејствовао је себи место иза ње, не само у учионици него и у кабинетима, на часу јој је шапутао и кад је требало и кад није, често веома успешно; четворке из географије и хемије дуговала је њему и само њему; није добијао ни »хвала«. На телефону је с њим била осорна и кратка: »шта оћеш?«, »што си досадан«, »пожури, имам да послушам кеву«. Не једини, Дечак се чудио обома. Грубо склепана Лидија, једна од веома мало девојчица у разреду чије су груди биле још увек равне, није се нимало трудила да искупи своју неженственост; напротив, чинило се да је баш негује. Руке и доња вилица биле су јој опуштене, вечито је носила црвене или модре тренерке од синтетике, једини накит био јој је ланчић око врата. Равнотежу је, као и толике друге, могла стећи духовитошћу, или дружељубљем, или добротом; али Дечак то код ње није налазио. Гледајући је, каткад се сећао чланака – у »Политикином забавнику« и другде – о младим горштакињама које су се пресвлачиле у мушкарце да би пошле у рат или се, ако у породици није било мушке деце, издавале за сина. *Која лопата*, мислио је, *а понаша се ко да је Мис универзума*. Колико је знао, није се ни с ким забављала, што га није ни чудило. Гага није био ни леп ни ружан, али је имао углед духовитог човека и одличног имитатора, његове су се *провале* недељама памтиле; да се од Лидије окренуо некој другој, изгледи би му били изврсни.

По Дечаковом погледу на свет, Гага се, све у свему, понашао нешто схватљивије него Мирка: он се ипак паштио око девојке коју воли, постојано радио на томе да у њој – каква била да била – подстакне нешто љубави за себе; а Мирка није ништа чинила да се домогне Бокија, Мирка је уживала у једностраности.

Уза све напоре – и уз оно мало разумевања за Гагину логику – Дечак није умео докучити зашто они воле тако узалудно. Он сам није био заљубљен, иако га је узнемиравало цветање неких његових другарица, чак и више но зрела тела глумица на екранима и голих девојака по часописима. Посматрајући себе са стране, знао је да ће и на њега доћи ред, и са мало бриге питао се хоће ли и с њим бити као са Мирком и Гагом. *Нема шансе*, одговарао је сам себи, уздајући се у своју трезвеност; али сасвим сигуран није био.

– Како те није мрзело? – рече Мирки.
– Шта?
– Па да црташ ово.
Мирка се само осмехну и окрете свеску.
– Већ видим шта ћеш да имаш на крају године. Пет из Бокија и кеца из историје.
– У, ал ти је штос – рече Мирка, али нови осмех

није могла сакрити. Историчарка се поново окрете ка њиховој клупи, те се исправише и ућуташе.

Слушајући једним увом шестоаприлско бомбардовање, Дечак се замисли над Миркиним трудом. Требало је центрирати реч, исцртати једнака слова, прецизно извући црте које су давале трећу димензију, сложити боје; нови ВОК! био је приличан посао.

*Не*, мислио је, *немам ја то*, и у себи слеже раменима. То је овде означавало силу, њему само магловито појмљиву, која Мирку држи сат и више над бескорисним натписом, која посебне и одабране тера да сатима вежбају скале, или плесне кораке, или шаховска отварања, или скок-шутеве. Сатима, сваког дана, не видећи крај. Час се дивећи онима који имају то а час их презирући, питао се је ли ту реч о нечем што се стиче рођењем а одређује већ зачећем, или о стицају околности, збиру чинилаца који делују углавном споља.

Мучило га је што до коначног одговора — као ни раније — није долазио, те се није могао одредити према томе. Није знао да ли да жали што није добио генетски дар или да ликује што је поштеђен хендикепа.

*Или ја серем?* питао се, знајући да је и сам много шта постигао вежбањем: звиждати на неколико начина, возити бицикл, пливати, подригивати по жељи, пећи палачинке, упамтити past tense и past participle већине енглеских неправилних глагола.

Да, али све су то ствари које се науче једном заувек; треба их само одржавати, а не понављати редовно и дуго.

Није бивао убеђен. Враћала му се мисао да је у ствари добро имати нешто своје, бити нечему посвећен. Утолико пре што је окружен примерима.

Пеђа има папагаја, Наташа скупља салвете, Лидија тренира рукомет.

Моча Кез свира бас-гитару, узима приватне часове, не пропушта рок-концерте, носи црну јакну од скаја начичкану пирамидалним и округлим нитнама, још од почетка школске године обузет је идејом да оснује групу, нашао је гитаристу и бубњара и недостаје му само клавијатуриста. Група би се звала или »Фрас« или »Магично уво« или »Паљење на гурку« (Моча се дуго колеба). Дечак не познаје никог толико преданог нечему колико је Моча предан музици.

Цале (дечак из Старе Београдске Породице) скупља орђење: има четири велике кутије пресвучене тамноплавим баршуном у којима сијају бели емајлирани малтешки крстови, златни венчићи, сребрни зраци, рељефни ратнички профили од непознатих легура, и преливају се атласне траке, мало циркуски пругасте, тробојне, двобојне и једнобојне. *Ћошак он то скупља*, мислио је Дечак, *што јошто је добио од деде*; али било како било, Цале има збирку, и зна тачно шта је Flying Cross, шта Карађорђева звезда са мачевима, шта Polonia Restituta, а шта Étoile noire du Bénin.

Ферхат мајсторише заједно с оцем коректором, савија лим, лепи фурнир, мења свећице, саставља фиоке, намешта утикаче, Ферхат ће једног дана јамачно бити дипл. инж. Кемал Ферхатовић.

Јелена пише песме, рецитује их на школским приредбама, објављује у »Дечјим искрама« и »Веселој свесци«, учествује у Мајској песничкој штафети, не пропушта ниједан *наградни темат*, добија награде, римује *мајка* и *бајка*, *свет* и *цвет*, *домовина* и *давнина* (или *омладина*).

Трапос је најбољи од свих у енглеском и руском, учи шпански из књиге *Español para todos*, има џепни приручник *Polish Phrase Book*, зна и двадесетак арапских речи.

*А ја*, помисли Дечак, *шта ја?*
*Ја...*
Реченицу је било тешко наставити. *Ја играм кошарку? Ја сам се загрејао за хемију? Ја се зезам с компјутером?* Све је то било истина, али непотпуна; Дечак је био сигуран да у сва три случаја недостаје једно »заиста«. Није могао видети себе ни као кошаркаша, ни као хемичара, ни као програмера.

Ни као ишта друго. Притешњен јасним подацима о себи, морао је признати да нема никакву страст, или хоби, или јаче изражену склоност. Био је радознао за много шта, знао понешто о много чему, могао је — ако не равноправно, онда барем часно — разговарати са Мочом, Ферхатом, Лидијом и Трапосом, и безмало са свима осталима...

*...Али није то то*, помисли на крају. *Можда би требало да се на нешто напалим?*
*На шта, будало?*
Није му ништа падало на памет.

Поново се укључи на историчарку. Југославији се писало црно: Немци су освајали град за градом, војска се негде предавала а негде самоубилачки тукла, на све стране ницали су квислинзи, људи су се навелико мрзели и убијали. Пратио је ток догађаја као да гледа replay на телевизији (разуме се, главне податке знао је одраније); пред очи су му излазиле нејасне слике, деривати оних црно-белих које је виђао по документарним емисијама. Каткад би се умешала покоја у боји, из играних серија о НОБ, али црно-белима је без имало двојбе давао предност: у њима су праве бомбе падале на праве куће, мртваци су били заиста мртви; а то што су призори били црно-бели и разливени (или изгребани) само је било врхунски доказ аутентичности: и сам филм који је приказивао прошлост био је део прошлости, непорецив као што је непорециво археолошко налазиште. Чак су му и људи који су рашчишћавали рушевине, или ходали на штакама, или љубили партизане двадесетог октобра, деловали као да су из времена давних, малтене као Астеци или Римљани, и морао је каткад сам себе подсећати да су неки од њих још увек живи.

На пример, родитељи његових родитеља. (Не сви, додуше: Очева мајка погинула је 1964. у железничкој несрећи.) Троје људи који савршено добро памте рат; који су му, уосталом, о том рату често и причали.

Те приче је, уз њега, слушао и Отац, мада му је мало која могла бити нова. Рођен усред рата, он га се није могао сећати; значи ли то...

*Па да*, помисли Дечак, *йа дааа*! Постаде му јасно нешто што му је дотад измицало: Отац је у тој ствари практично једнак њему, рат је обојици Време Пре Мене.

И обојица се упињу да га појме потпуно, не само голом памећу. Дечак је знао да му целокупно време, све оно што се дешавало од настанка космоса па до његових првих повезаних сећања, делује благо нестварно; знао је и то да му је лакше замислити Време После Себе него Време Пре Себе; но тек сад је учинио корак даље и установио да то исто важи и за Оца.

Списак сличности са Оцем тиме је порастао за један. На тај податак није се лецнуо: радило се о подударности на неутралном терену.

Иначе се, као и сви, гнушао разговора о сличности с родитељима. Било му је мучно слушати: »исти тата«, »мамина коса«, »погледај га из профила: пљунути деда«, »овде, овде око уста, ту ми тако личи на тебе«; по њему су сва та општа места припадала трећеразредним телевизијским комедијама пре него стварном животу. Замрзео их је у раном детињству, кад су најчешће и пљуштала; с временом су се проредила, па је између двеју таквих примедби могло проћи и по неколико месеци. Гнушање је свеједно трајало.

Налазио је да не личи ни на Оца ни на Мајку. Посматрајући своје лице у огледалу, настојећи да га види и с профила, закључивао је да им не дугује ништа. Или безмало ништа. Оно сличности колико је опажао било је заиста мало, занемарљива количина. То га је бодрило: личити на родитеље чинило му се обликом зависности.

Прича ипак није била толико једноставна, није се завршавала на цртама лица. Глас му је преко телефона звучао готово као Очев. Многи су их отуд бркали, те су и он и Отац каткад доживљавали кратке комичне сцене. Међу њима је блистала, и имала статус породичне анегдоте, она коју је приредио Пеђа. Код њега је требало да се играју карте; Дечак је, заневши се телевизијом, окаснио; док се на брзину обувао, зазвонио је телефон; Отац је дигао слушалицу, рекао: »Хало?« и са друге стране чуо: »Па добро, пичка ти материна, докле ћемо ми да те чекамо као будале?«

Ако је боја гласа била ствар више силе, понешто је било и сасвим добровољно. Угледајући се на Мајку, навикао је себе на јутарње темељно пљускање хладном водом и на туширање начином »вруће – хладно« (Мајка је у младости била одбојкашица). Рукопис је моделирао по Очевом: велико Е му је, као и Оцу, имало полукруг уместо вертикалне црте, доње испупчење на С било је веће од горњег, ћирилично Ж писао је као стилизовану звезду, трима цртама које се у средини секу. Од Оца је преузео и понеку језичку смицалицу: »јебо те богаљ« уместо »јебо те бог«, »појма не знам« уместо »појма немам«, »изненада нагло« уместо голог »изненада«.

Отац је некад знао све. Требало га је само питати. Како изгледа жбан? Који ширити означују које морнаричке чинове? Шта значи »невидљиви извоз«? Зашто је Боби Фишер престао да се такмичи? По чему је познат Плавобради (и откуд му то »Плавобради«)? Зашто се на филму точкови с паоцима обрћу унатраг?

Па чак и: где се прави најбољи сладолед у Београду?

То се стање пореметило одскора, или одавно (Дечак није био сигуран).

Неки пут би одговор био непотпун: »Нишадор? То је неки прашак – или зрнца, не сећам се – против упале грла, лечили су ме тиме кад сам био мали; то су ти дували у грло. Сад се више не прави. Не знам од чега се правио.« Дечак није остајао незадовољан: ипак је добијао нешто основних података.

Неки пут, опет, признавао је себи да је и питање тражило превише: »Збиља, сине, откуд бих ја могао да знам ко је пронашао угломер?«

Али, почели су наилазити и случајеви у којима није било олакшавајућих околности. Једном је питао Оца у којој је Кореји главни град Сеул. »У Републици Кореји«, рекао је Отац. »Али обе су републике«, одговорио је он. »Како обе?« »Тако лепо, обе су републике, само се друкчије зову.« »Чекај; има Северна и Јужна Кореја. Сеул... мајку му... Сеул треба да буде у Северној. Ја мислим да је у Северној. А шта ће ти то?«

Та последња реченица објаснила је све. Дечак је већ знао да одговор противпитањем служи само за покривање неке рупе у знању. »Треба ми«, рекао је. »Сад има толико тих Северних и Јужних, ко кусих паса«, парирао је Отац, »ко ће све да их попамти. Ја мислим да је Северна. Ти ипак провери.« Дечак је урадио управо то, и из *Географског атласа света* сазнао да је Сеул главни град Јужне Кореје, а Пјонгјанг Северне.

*То је баш могао и да зна*, помисли Дечак. Паде му на памет да тек у последње време заиста *види* Оца: у природној величини, без ретуша; наравно, несавршеног. Отац је заостајао за њим, није га могао пратити кроз музику, ни кроз компјутер, ни кроз одећу и фризуру; зауставио се код »Битлса« (или за нијансу касније) и код фармерица »звонцара« (додуше, радо је носио спортске патике), у речник је унео мало шта после *провале* и *фрке*, компјутер није ни дирао. Браду, коју је годинама час пуштао час бријао, напустио је сасвим (зато што је приметно поседела, нагађао је Дечак).

Све је мање бивао *потребан*.

Умео је и досађивати; готово да више није било дана у коме му Дечак бар једном не би рекао: »Јој« (или чак »Јоооj«), »тата, не гњави.«

Још увек је био јачи и издржљивији од свог сина, али више не и бржи; образованији и боље обавештен, али више не у свему; природа је рутински и ефикасно радила свој посао. Дечаку су Очеве патике већ биле тесне; разлика у висини била се већ свела на сантиметар-два; био је сигуран да ће га престићи још у много чему: та ипак је то био човек од четрдесет две године стар; шта је имао да учини од себе, учинио је; шта није, јамачно неће ни моћи; запрепашћујућих промена неће бити. Прорeђена коса, две-три боре на челу, неколико пломбираних зуба, наочари за читање; пређен је врх параболе, остаје само силазни део.

Дечак се заустави. Било му је непријатно. Зар да мисли о Оцу као што би о било ком другом? Туђи очеви (и уопште други одрасли) стајали су на његовој лествици ниже: понекима је признавао да су бољи у појединачним дисциплинама, али у збирном резултату заостајали су сви.

*Није лепо тако о ћалету.*
*А зашто није? Па то је све истина.*

Дечак начини малу гримасу. *Није лепо* и *То је све истина* нису се мирили, а он се није хтео одрећи ни једног ни другог. Стаде их мерити, настојећи да мисли безлично и чисто, да се пробије до нечега што би било непорецива истина. На крају се *Није лепо* морало повући. Кад би Тврдња, или Слутња, или Зебња, или Претпоставка постале Чињеница, он више није, као у раном детињству, имао куд. Ма колико био незадовољан, Чињеницу је морао признати.

Овог пута, незадовољство је потицало од сићушне мисли да је према Оцу ипак испао груб. Мисао му се чинила неуместном јер је знао да је закључак извео поштено, користећи сву снагу свога ума и не варајући на ваги; но без обзира на то, мучила га је све док није наишла друга: *Шта ја могу, то је природно.*

Она је све доводила на место; није вређала ни њега ни Оца; успостављала је чисте односе; чудио се што му није дошла раније. *То је природно. Даборме.*

Мирка се засмеја. Прво јој је излетео почетак кикота, сместа пригушен шаком притиснутом на уста; онда је наишло неколико узастопних удисаја, кратких и наглих; најзад је, још увек са шаком на устима, полегла по клупи, борећи се са смехом од кога су јој се тресла рамена.

Узрок је морао бити Трапос, који је седео одмах иза ње, десно од Горана: смех је букнуо усред разговора с њим. Дечак му се окрете. – Шта је било?

Трапосу је лице сјало од задовољства. – Причао сам јој оно из аутобуса.

– Шта из аутобуса?

— Не знаш?
— Не ја.
— Није ти Гага ништа реко?
— Кад да ми каже?
— Ау, јеботе, па ти ниси чуо најбољу провалу. Гага синоћ ишао на Коњарник, он тамо има неку тетку, или није његова тетка него од његовог ћалета, и носио јој...
— Јебала те тетка — рече Дечак.
— Па оћеш да чујеш или нећеш? У бусу гужвара, наравно, и ту је седео један фрајер — тако, можда две-три године старији од нас — а поред њега стоји нека жена, старија, али онако сва пицнута, као за позориште, наруквице до лаката, шминка, све; и у неко доба фрајер устане, »изволте, седите«; а она ништа, само га гледа, одмери га од главе до пете, и каже нешто као: »нисам навикла...«, не, »немам обичај«, тако је, »немам обичај«, каже, »да седам на место које је неко други грејао«.
— Ау, јак штос — хладно рече Дечак.
— Чекај, бре, јеби се, није крај. Сад тек долази. Она то њему каже, то за грејање, а он, слушај ово, а он из цуга: »Тако ми је жао, госпођо; да сам знао да ћете ви наићи, цео дан би држо дупе у фрижидеру.«
Трапос заћута, с победничким изразом на лицу, а Дечак се засмеја затворених уста.
— Шта кажеш? — рече Трапос.
— Прва лига — одговори Дечак. Прича му је ванредно пријала. — »Цео дан би држо дупе у фрижидеру« — и поново се стаде смејати. — Е, која будала, јеботе, уместо да седне и да ћути, она... И шта је било после?
— Шта ће да буде? Сви се покривили од смеха, жена сишла на првој станици.
— Ко кажеш да ти је причао? Гага?
— Аха.

— Па да, ко други. А од кога је он чуо?
— Ни од кога, њему се десило. Он је био у бусу.
— Мф. — Начелно верујући причи — умногоме и зато што је, по њему, таква сцена заслужила да се заиста догоди — и знајући да Гага уме не само правити провале него их и привлачити, или бар бити ту кад се оне дешавају, Дечак је ипак био мало резервисан. Биће да је Гага за »дупе у фрижидеру« чуо од неког (ко ни сам није морао бити у том аутобусу) и пренео даље као свој доживљај; и да је то учинио не да би се правио важан, него из чистог приповедачког заноса. Или просто да не би морао објашњавати како је прича дошла до њега.

Сем уколико измислилац Гагиног присуства није Гага него Трапос. Са истим разлозима, наравно.

Било како било, нека мрвица је свакако дометнута, или одузета. Дечак се у животу наописивао својих и туђих доживљаја; наслушао се других како говоре о догађајима њему познатим из прве руке; знао је да препричавати значи преиначити, поготово ако се ради о нечем узбудљивом или смешном. Стварни догађаји нису савршени, сваки пут нешто узмањка у сценарију, или режији, или подели улога; приповедач је последња шанса да се исправе грешке које је починио Стицај Околности. Дечаку се који пут дешавало да, тек што је испричао причу, помисли: *А зашто сам?* Тиме је питао себе зашто се није могао уздржати од дотеривања; од дотеривања нечега што би било сјајна прича и да је пренесено неприповедачки, записнички, као низ неизмењених података. Није налазио никаквог јасног одговора, сем што је себе пред собом бранио истинитом тврдњом: *Нисам намерно.*

При свем том, уживање у Трапосово-Гагиној причи остало је неумањено. Смејао се слатко, онолико слатко колико то допушта безбедност на часу.

# Други час и одмор
од 8⁵⁰ до 9⁵⁵

»Госпођо, хоћете ли да вам упакујем метлу или ћете је сместа појахати?«

Микро-виц који је Дечак прилично давно чуо од Оца (и пренео друштву) стајао је математичарки као саливен, и имао много успеха међу њеним ђацима, али не као откриће; пре као варијација на устаљену тему. Они су у тој жени и раније налазили нешто вештичје. Неко је очигледно говорио у име свих њих кад ју је назвао Веца, по Веци Вештици из цртаног филма – Дечак се више није сећао ког. Надимак се примио и код многих родитеља, не нужно само оних чија су деца имала мука с математиком. При свем том, Веца није била ни стара, ни кошчата, ни носата, ни грбава, ни крезуба.

Одступала је и од још једног стереотипа: од наставнице математике као усукане и хистеричне уседелице с наочарима. Била је удата (по други пут), мајка студенткиње и средњошколца, ни пуна ни испошћена, ни лепа ни изразито ружна; наочаре јесте носила, али тај један атрибут, наравно, није био довољан да је ико класификује као Мис Алгебру.

Дечак је ипак налазио да је асоцијација на вештицу сасвим умесна, и то по некој вишој логици – њему, додуше, тешко исказивој. Био је сигуран да у разлоге спада неколико сродних података. Веца се не смеје, или бар не на часу и не од радости; једино се уме подсмевати – обично некоме ко греши у одговарању – и тада се служи грубо тесаним сарказмом надређених. Веца се одева само да би била одевена, по могућности што јефтиније и што ружније; чак и дечацима парају очи комбинације као што је смеђ жакет преко модре хаљине или свилена блуза и готово мушке изношене ципеле. Веца није способна да честита; чак и петичарима говори: »Ето како ти умеш кад хоћеш.« Веца се, по свему судећи, не може ничему радовати. Веца на неки начин одбија да учествује у животу, свет јој због нечег није по вољи.

Дечак је знао да је ни наставници много не миришу. Историчарка, која је његовом одељењу била разредни старешина, бранила ју је од ђачких жалби, очигледно мимо свог убеђења, само да се не би показала неколегијалном. Једном ју је, ушавши после часа у зборницу да врати дневник, затекао у жестокој свађи са Вецом. »Ја радим по својој савести«, рекла је Веца. »Врло сам импресионирана«, сместа је одвратила историчарка, »али зашто ми се онда највише жале на тебе? Кад ставим све остале на један тас, а тебе на други...« и у том тренутку је приметила Дечака и ућутала. Остатак је, наравно, био лако докучив. Кад год је препричавао ту сцену, грејало га је сазнање да људи попут историчарке не само да могу постојати него заиста и постоје.

Веца је уписивала час у дневник; преспоро, чинило се Дечаку. Журило му се да чекање престане и искушење почне; да почне што пре, не би ли се што пре и завршило.

Знао је да ће му донекле лакнути кад она испише задатке на табли: то ће ипак бити нешто извесно, први податак о тежини борбе. Није се осећао неспремним, али знао је да у математици, бар што се њега тиче, увек има подводног стења; чак ни онда кад ју је најсавесније бубао из уџбеника и радио на десетине задатака, није успевао да постигне оно стање сигурности какво му је у другим предметима долазило уз кудикамо мање труда. Увек је у неком углу чучао малени страх да ће однекуд искрснути нешто непредвиђено, неко неупамћено правило, нека прескочена једначина, неки заборављен поступак.

Зокија је искусна Веца била сместила у први ред клупа. Тако је увек радила са својим бољим ђацима, али Дечак се ипак осврну по учионици. Тражио је мало сигурности: неког ко би му могао помоћи ако ствари пођу наопако. Не виде никог: они најближи били су или једнаки зналци као и он, или несклони да се њему (или ма ком другом) нађу у невољи. Поглед му се укрсти са Гагиним: Гага је, очигледно, правио исту проверу.

— Ништа пирпа? — добаци му сценским шапатом.

— Зајебан терен — одговори Гага. Велики »звездаш«, он је много шта исказивао фудбалским речником. На нечасне поступке реаговао је говорећи: »Жути картон!« Пред крај досадног часа паченички је шапутао: »Судија, време«, а своју клупу и уопште свој положај у простору називао је — по свом делу стадиона — »север«. Једном је, усред писменог задатка из математике, сасвим гласно добацио Зокију, не могавши да дочека његов спасоносни папирић са решењима: »Кизо! Пирпа на версе!« Веца је сикнула на њега и замало га избацила са часа, али поруку није схватила. Отад је у целом одељењу »пирпа на версе« остало нека врста интерног SOS, шифра за тражење помоћи на часу.

Дечак се питао хоће ли текст задатака бити кратак или дуг, срдећи се што ће опет бити све по старом: они минути који буду отишли на Вецино исписивање и његово преписивање биће чист губитак, нето време за рад биће за толико краће.

Наравно, Веца неће хајати; тешко да ће јој уопште доћи у главу та разлика, на коју је умела да оде и четвртина часа. Кад би је неко, протестујући, подсетио, имала је стар и испробан одговор да се другачије не може. Логично је да се задаци морају исписати пре решавања; она није ни вољна ни овлашћена да то време надокнади продуживши час, осим тога: »Шта је пар минута више или мање? Мени се добри ученици и не жале.« Даље од тога није стизао готово нико: ђаци зато што их није хтела слушати, а родитељи зато што јој се нису хтели замерити. (Уосталом, и не само њој; родитељи су пред наставницима по правилу били кротки.)

*Зајебава те ко оће*, помисли Дечак.

*Решити систем једначина:*

$$4x + 3y + 2z = 4$$
$$5x - 2y + 3z = 18$$
$$3x + 4y + 4z = 7$$

Дечак се загледа у задатак, последњи на списку. Није се много бојао метода супротних коефицијената: то је била најсвежија лекција из математике; али видело се да га ту чека много дељења незграпним разломцима; овде су, уз то, прва и трећа једначина одмах најављивале да ће бар једна непозната бити негативан број и још више отежати посао. *Један минус место плуса*, помисли, *и оде све у мајчину*. То опште место математике (*Пази на знаке! Пази на знаке!*) нервирало га је управо зато што је било опште место, поука коју нам стално понављају иако смо је одавно запамтили; ипак је знао да му зебња није неумесна. Имао је за собом неколико прилика у којима је штетовао због погрешног знака. После сваке се изнова заклињао да ће убудуће пазити; није успевао увек.

С друге стране, наставница није била приметила да његов Casio има тастатуру са цифрама, па га није конфисковала.

И Дечак уђе у једначине. Око првог корака није било никакве двојбе: *добити* (напамет је знао реченицу) *еквивалентан систем у коме је једна једначина са три, једна са две, и једна са једном непознатом*. Прву једначину, дакле, треба поделити са четири.

$$x + \frac{3}{4}y + \frac{1}{2}z = 1$$
$$5x - 2y + 3z = 18$$
$$3x + 4y + 4z = 7$$

Мучно му је било преписивати две нетакнуте једначине, али није имао куд: пречесто му је умањивала оцену због одбојности према раду по фазама. Радећи даље, множећи прву једначину са минус пет да би је сабрао са другом, а потом са минус три да би је сабрао с трећом, настојао је да не мисли ни на једну следећу фазу: знао је да је крај још далеко. Предан послу, исписивао је

$$x + \frac{3}{4}y + \frac{1}{2}z = 1$$
$$y - \frac{2}{23}z = -\frac{52}{23}$$
$$\frac{7}{4}y + \frac{5}{2}z = 4$$

и дискретно пребирао по сићушним металним диркама на сату, који је пред сам час био пребацио на калкулаторски режим. Није се заустављао да размишља о методу, ствари су испале јасније него што је очекивао; негде у другој половини приметио је да више није потиштен. Бројеви су се сврставали и престројавали по прецизној и сврховитој кореографији, свака њихова нова формација логично се надовезивала на претходну и једнако логично најављивала како ће изгледати следећа; видело се да живе у савршено уредном свету; Дечак је радио натенане, са задовољством исписивао плусеве, тројке и знаке једнакости; било му је јасно да је врховни кореограф управо он, и да не сме оманути руководећи тако добро увежбаном трупом; било је извесног сталоженог ужитка у савладавању тежих деоница, чак му је пријало множити

$y - \dfrac{2}{23} z = - \dfrac{52}{23}$ са $- \dfrac{7}{4}$; и кад је стигао до $\begin{array}{l} x = 1 \\ y = -2 \\ z = 3 \end{array}$

био је битно другачији. Тако измењен, тихо ликујући, поче примећивати да је учионицу испунило сунце, да су по јакој светлости све боје у њој изгледале освежене, да његов испис на папиру чини занимљиву шару. Онда провери резултат, виде да је тачан, и преписа рад у вежбанку, нешто брже него обично иако није морао журити; брзина му је дошла сама од себе и била просто врх његове ефикасности: највећа коју је могао постићи а да не умањи читкост цифара и контролу над својим послом. Осећао се сигурним, уиграним, способним; знао је да је победио чисто, као џудиста, проникавши у природу ствари, спознавши противника, делајући у складу са законима који владају у том свету. Осећао је велику радост поимања. У веома драгоценом расположењу однео је свеску до катедре.

Од кога си преписао? – рече Веца.

Дечаку се испрва учини да није добро чуо. Тако срочено, питање је противречило не само правом стању ствари него и здравом разуму, те се није могло одмах регистровати.

— Молим? – али дотле је унутарња провера већ била готова, и знао је да посреди није никаква забуна.

— Од кога си преписао? – Веца је говорила као иследници у бољим криминалистичким филмовима: мирно и надмоћно.

Дечак тек сад осети ударац. *Види! Опет она:* »*Од кога?*« Расположење које га је држало последњих пет--шест минута било је озбиљно угрожено; бојећи се да га не изгуби, он пожури да спасе што се могло спасти.

— Од Гаге – одговори у ходу, не нарочито гласно. Они који су га чули засмејаше се: Гага је имао хроничну јединицу из математике.

— Стани! – рече Веца.

Дечак стаде и допола се окрете.

— Како ти то одговараш?

— Ја, наставнице?

— Ти, него ко? Мир тамо! – и остатак одељења поново се наже над вежбанке.

— Мислио сам да се шалите – рече Дечак.

— У тим стварима ја се никад не шалим.

Драгоцено расположење више се није могло одржати. Жалећи за њим, огорчен, Дечак се сасвим окрете Веци и погледа је у очи.

— Нисам преписивао ни од кога. Видели сте да нисам.

— Значи, ја лажем?

— Ја то нисам рекао.

— Ниси, али си... Мир! Час још није готов! ...али си тако мислио.

— Откуд ви знате шта неко други мисли?

— Ајде, не филозофирај ту много. Ако си готов, изађи. Немој да ометаш своје другове који хоће да раде.

— Па ви сте ме зауставили. Да ме нисте питали...

— Не, него ћу да ћутим кад неко преписује.

— Наставниче, ја нисам ни од кога преписивао. Ви ако хоћете да верујете, верујте; ако нећете, то није мој проблем.

— Шта си казао? — али било је већ касно. Старајући се да не хода пребрзо, знајући да је баш ту прави крај разговора, Дечак изађе.

*Која цавуља*, помисли у ходнику. *Што нам нису дали Митићку, или бар Карана, него баш њу.*

*Завалиће ми кечину, сто посто.*

*Ма какви, где може? Ово је гарантовано за четворку. Четири минус, у најгорем случају. Сем ако се нисам зајебо у другом задатку.*

*Где је Киза? Он ће знати.*

Дечак стаде код најближег прозора и погледа у двориште, тражећи Зокија.

Виде га наслоњеног на ограду како разговара с Јеленом и Мочом Кезом. *Откуд Моча?* помисли. Јелена, стара петичарка, прва је завршила задатак и изашла, али Моча је у математици био једва изнад Гаге, у групи оних који журно пишу све до самог краја, каткад успевајући да искамче и који секунд после звона.

*Па седео је иза ње!* досети се Дечак. Корачајући према степеницама, надао се да Моча није погрешио у преписивању.

— Како ради човек, то је да откинеш — говорио је Моча док је Дечак прилазио. — Онај део — ако сте слушали *Погледај дом свој, анђеле...*

— Аха — убацише Јелена и Зоки.

— ...оно кад почиње рефрен, шта ту ради гитара испод вокала. А?

— Мхм — рече Јелена, а Зоки заклима главом.

— *Аан-ђе-лее! Аан-ђе-лее!* — запева Моча, и Дечак поново чу како на плочи гитара кривуда и запомаже док Бора Ђорђевић зазива анђела с мачем. Та нумера је и њега усхитила: мелодија је драматично узлетала, крик у рефрену изазивао је жмарце, стихови су рафално испаљивали *чемер, смрт и јад* и *беду, страх и бол*, гласно се исказивала сасвим истинита велика озлојеђеност. Дечак је при том у себи гледао призоре сличне призорима из оних SF филмова у којима се човечанство злопати после свеопштег атомског рата. Није му ни требало много труда: текст и глас обављали су добар део посла постављајући упечатљиве масовне сцене. Мање јасна места гурао је устрану, не дајући им да омету општи утисак очаја. Постојали су тренуци кад му је веома годило да све види у црном.

— Људи, да вам кажем: то ће да буде суперхит — рече Моча. — Видећете. Како је то урађено... немам речи.

— Је л ти знаш њега? — рече Јелена.

— Кога?

— Бору Чорбу.

— Знам.

— Стварно? — рече Зоки.

— Откад још. Упознао ме Чарли.

— Чарли — који се, наравно, није звао Чарли, али Дечак му није знао право име — био је бас-гитариста са брадом, коњским репом и минђушом у левом уву.

Свирао је редовно, и од тога којекако живео; прелазио је из једне кратковеке групе у другу; за њим и за њима остајало је мало трага сем демо-снимака, шачице нумера на заједничким LP плочама, кратких интервјуа на радију и понеког наступа на телевизији. (Многе његове групе, додуше, свирале су и на великим концертима, на самом почетку, загревајући публику док не изађу »Рибља чорба« или »Азра«.) Знао је све рокере, и сви су они знали њега; био је близак колико устоличенима толико и новозарађенима. Тинејџерима који су чинили прве кораке служио је као веза са стварним светом музичара; Дечаку је било лако замислити сцену у којој ментор Чарли упознаје штићеника Мочу са Бором Ђорђевићем, али је веома сумњао у дубину тог познанства. Руку на срце, ни сам Моча није тврдио да иког од великих познаје добро: просто је говорио да се с њима зна, не идући у детаље; ни »ми смо на јеби-си-матер« ни »само смо се упознали, нисмо ништа причали«.

— Је л он стварно толико пије? — упита Јелена.

— Ја га никад нисам видео пијаног — рече Моча, и Дечак се задиви одговору који је казивао и све и ништа.

— Сви они пију — рече Зоки.

— Како кад — узврати Моча, са сигурношћу зналца. — На концертима углавном кокишку. Презнојаваш се, стално си жедан, треба ти много течности; кад би пио нешто алкохолно, ушико би се за пет минута. Е, после концерта... то је већ друго.

— Нисам ни мислио на концерте — рече Зоки — него онако. На концерту те сви гледају.

— Да, јеботе, замисли како би то било усред концерта — рече Дечак и поче имитирати пијаног гитаристу, клатећи се и тресући олабављеном десном шаком у висини стомака.

– *Музичари који пију никад нису патили од треме* – запева Моча.
– *Патили од треме!* – прихвати Дечак, раздешеним изговором пијанца.
– Чујем, почео је да се дружи с песницима – рече Јелена.
– *Музичари који пију никад нису стизали на време!*
– *Стизали на време!*
– Ко, Бора? – упита Зоки.
– Аха – рече Јелена.
Дечак и Моча прекидоше свој двопев.
– Јесте – рече Моча. – Зашто питаш?
– Онако.
– Одавно се он пајта с њима.
– Још ћете се једног дана срести у Клубу књижевника – рече Зоки.
– Немој лупати, ја у Клуб не идем.
– Не идеш још, али за коју годину... иха!
– Не знам – и Јелена одмахну руком. – Не вуче ме ништа да идем тамо. Мислим, у реду, сад и овако и онако не могу јер сам... мала; али ни за после нисам сигурна. Пију тамо као свиње, туку се; шта ће ми то?
– *Књижевници који пију никад нису патили од треме* – упаде Моча.
– *Патили од треме!* – одазва се Дечак.
– Добри сте – насмеши им се Јелена и настави говорити Зокију. – Код њих ради она класична шема: ако не пијеш, ниси писац. Као, »ми смо боеми«, ово, оно. А мени је то глупо. Никакве то везе нема да ли неко пије или не пије. Уосталом, најбоље се пише кад си трезан.
Ту се Дечаку упали нека сијалица. Показало му се наједном колико је Јелена слична Мочи: и она говори из струке, просвећује лаике. Обоје имају неки свој

будући или могући еснаф; још увек само шегртују, али већ знају више него обичан свет. Не много више, наравно: на видело су изнели мање-више површинске податке; понешто је било речено само да би се одржао углед; свеједно, јасно је да су се Јелена и Моча *одредили*.

*А ја нисам*, с мало зависти помисли Дечак, и сети се да су му те мисли већ долазиле: пре непуног сата. Знао је да ће му долазити опет и бивати све безобзирније, јер примиче се средња школа, једно *усмеравање* за другим; по њиховој заповести, он ће још ко зна колико пута претурати по себи – и то улудо, јер неће наћи ништа. У игру је улазило превише елемената, тешко ускладивих. Најближа средња школа, некадашња занатска, донела би му лаке петице, али у њу су ишли махом они који другог уточишта нису имали; тај полусвет равнодушних, припростих, па и делинквентних, није му никако био по укусу. Две-три удаљеније школе биле су на бољем гласу – али, наравно, због наставничке строгости; осим тога, ону од њих за коју су родитељи навијали сматрао је сноборском. Било би му сасвим потаман да пође онамо куда и најприснији пријатељи, али знао је да неће сви хтети у исту школу – па ни моћи све и кад би хтели, јер су им се просеци оцена битно разликовали. То га је стављало на крупне муке: остати уз Зокија или уз Мирку? уз Горана или уз Гагу?

Уосталом, који смер узети? природни или друштвени?

Наилазећи на једну препреку за другом, зазирао је од одлуке као од одласка зубару, и настојао да је одложи што може дуже. Тако је бранио свој мир: дражили су га породични разговори о *усмеравању* и срдила немоћ пред силом која га тера да се пре времена изјашњава. Умиривао се неоспоривом чињеницом да ће — ма колико крупно могао погрешити у избору — ипак бити средњошколац а не основац. Коначно, неће се одвојити баш од свих блиских: како год ствар буде кренула, с некима ће ипак бити у истој школи.

— Кизо — рече — јеси запамтио како је ишао други задатак?

Све их је више бивало у дворишту. Слађана, Ферхат, Раша, Цале. Из зграде су управо излазиле Мирка и Нађа. За њима је ишао Бобан. Трапос, Пеђа и Наташа већ су били на улици, грабећи ка пекари Слађаниног оца: пред њима је стајала изврсна прилика да купе себи погачице пре но што почне петнаестоминутни одмор и у радњи настане гужва. Раша је, по обичају, истурио ногу да задржи тешка застакљена улазна врата која су се затварала, а потом јекнуо, забацио главу ухвативши се за нос и крикнуо: »Пази, бре, шта радиш!« Мирка је, по обичају, дотеривала косу изнад ушију. Пеђа је, по навици, звиждао у прсте. Дечак начас протрну од лаке туге каква му се тог пролећа почела појављивати. *Још смо само два месеца заједно*, мислио је.

Већ је добро познавао то стање. Време које му је преостајало до краја школске године час се сабијало а час растезало; каткад се чинило несагледиво дугим, као остатак његовог живота; но чак је и тада знао да се ради о року који ће пре или после истећи, и да онда ништа, или скоро ништа, више неће бити као што је било. Нека стања ствари, неке особе, постаће Никад Више.

У зебњи која је од тога настајала, заборављао је начас да ће промена донети више доброг него лошег. Потом би се тога сетио. Зебња се сместа повлачила; наилазило је нестрпљење да се *све ово* већ једном сврши. То је у ствари било његово право осећање, старије и трајније од овог другог.

Које се ипак није сасвим губило. На крају је морао установити да прилике у којима га обузима извесна разнеженост нису баш толико изузетне, и да постаје све осетљивији на ствари које га раније нису дирале. Писак локомотиве у ноћи; Мајчин Chanel 5; пасажи из понеке старе градске песме; крошње дрвећа на ветру: од њих је на тренутак-два смекшавао, долазиле су му и сустизале се брзе и нејасне мисли, асоцијације су га потпуно узимале под своје, осећао је и миље и сету.

После њих је долазио стид. Дечак се, наравно, стидео емоција самих по себи, али много га је јаче погађало то што су им узроци били тако јефтини, што је допуштао да га дирну општа места. Као да је сам себи тренер или учитељ, био је разочаран самим собом: од себе, свог сопственог пулена и ђака, очекивао је више и боље.

Није му сметала једино осетљивост на ноћ.

Нарочито кад је у њој био сам: по изласку из биоскопа, на пример, после оног угла одакле је свако кретао на своју страну. Угао је, наравно, зависио од тога с ким је Дечак био у биоскопу; но ипак му је увек остајало добрих двеста метара самоће до куће.

У томе је уживао. Светиљке на бандерама нису превише разбијале мрак (а мрак је био најважнији, заједно са нијансама полумрака), улични предео био је приметно другачији него дању и однекуд боље састављен, дуге сенке су падале преко улице, очи су му биле нешто шире, дисао је дубље и корачао лакше, ноћ га је нечим хранила.

Парови су се љубили у сенци или ћућорили растајући се пред улазима у зграде, каткад би мачка претрчала улицу, прозори су светлели плавичасто (од телевизора) или жуто, или (ретки) црвено. Из неких, отворених, допирала је музика, не сметајући много другим звуцима: метрономском куцању пролазничких корака, плачу расањене бебе, аутомобилским моторима, шуштању лишћа, понеком звиждуку.

У јуну је мирисала липа (једна једина у улици, али сасвим довољна), у августу су звезде испуњавале читаво небо, и тај га је призор потпуно упијао. Септембар је био блажи и прибранији после летње вреве, а велико су задовољство нудиле и оне ноћи на крају марта кад се могло јасно осетити, не знајући тачно зашто, да од зиме више неће бити ништа и да почиње блажени режим пролећа.

Највећа је ствар ипак била кретати се кроз ноћ, сам на улици, удисати ноћ, осећати је читавим телом, на пола ува примати звук својих корака, немати никаквих обавеза, не припадати ником, ни син, ни брат, ни ђак, ни држављанин, само људско биће без икаквих ближих одредница; ако је Дечак икад имао времена да ужива у томе што је жив и потпун, онда је то било тада.

Са ноћним повратком могао се упоредити само вечерњи излазак, јер довољно је било изаћи из куће и приметити да је већ увелико мрак, па стећи утисак да ће се — сад одмах или са малим одлагањем — десити Нешто: пустоловина, доживљај, нешто неодређено али узбудљиво и важно, неки преокрет, сазнање, сусрет, неко усхићење.

Наташа је јела погачицу, држећи у левој руци папирни фишек. Поред ње је стајао Неша и шапутао јој на уво. Она се убрзо засмеја, затворених уста. Неша стави руку на срце, очито се кунући да је прича истинита.

*Фала богу*, помисли Дечак пролазећи поред њих, *оће да се огребе за појачицу*. У ходу се зачуди што је уопште допустио себи да позајми новац Неши.

Одговор се није појављивао. Логички гледано, Неши је требало одбити сместа, без размишљања: Дечак га је добро знао као саможивца. Служити се туђим стварима без питања; преписати решење задатка са дотурене цедуљице а потом је не проследити; први натрпати у свој тањир на свом рођендану; чак ни лопту, у фудбалу, не додавати никоме; то је био Неша.

Дечак га је стога презирао, и лака срца одбијао да му позајми хемијску оловку, или лењир, или клизаљке.

Новац му је ипак позајмио, у тој једној прилици, готово се и не двоумећи. Радило се о плаћању за групне фотографије снимљене о Дану школе. Куповали су сви. Неша није имао пара при себи.

За Дечака је шездесет динара било повелика сума, и управо му се зато учинило да ће их уредно добити натраг. Мада је тек почињао назирати колико су тегобни путеви до новца, и још увек умео да по десетак динара просто страћи, у глави му се већ усталило начело да постоји нека граница иза које лакомисленост престаје. Чинило му се да је чак и Неша свестан тог начела и да га неће пренебрегнути, отприлике онако као што ипак не би отео залогај из туђег тањира.

Грешка у процени сада га је гризла. *Како сам могао да будем толики сом?* Доказивала је да још увек није онолико проницљив и зрео колико би морао или хтео да буде.

# ТРЕЋИ ЧАС И ОДМОР
од $9^{55}$ до $10^{55}$

– Колико је?
— Десет и пет.
— Код мене је само десет и три.
— Па шта оћеш, зар је то мало?
— Није, али...
— Али шта?
— Може још да дође Пандур, ето шта!
— Може ал неће.
— Оће.
— Неће.
— У, ти ми знаш.
— Знам, дабоме да знам.
— Губимо час, сто посто.
— Ма ајде, немој си наивна; да губимо...
— Губимо! Губимо!
— ...дошла би теткица да јави.
— Или би послали замену.
— Јелена, ајде се прошетај до зборнице, питај шта је с Пандуром.
— Што баш ја?
— Па ти имаш петака из српског.
— Какве то везе има?
— Губимо! Губимо!
— Не дери се, бре, идиоте!
— Губимо! Губи...

...али на вратима се појави наставник српскохрватског, Пандуровић.

Вук је био вишебојна репродукција уља на платну, Његош црно-бела репродукција гравире; остали су били фотографије. Змај у ретушираном профилу; униформисани Назор са седим брковима и брадицом; полунасмешена Десанка Максимовић; мало уштогљени Иво Андрић; сви су били ту, недостајао је због нечег само Бранко Радичевић. *Морао би да буде ту*, бунио се у себи Дечак, као да је наишао на необјективну листу Top Ten; али није се могао домислити да ли га привремено нема или га уопште није ни било. Помало се чудио белој мрљи у својој меморији: веровао је да напамет зна унутрашњост свих учионица и кабинета које његово одељење користи.

— Кизо?
— Шта је?
— Је л био овде Бранко Радичевић?
— Није, јавио се телефоном да ће закаснити.
— Кењај. Је л била овде његова слика?
— Немам појма — и Зоки се врати *Стрипотеци*.

Дечак се осврте по кабинету, пажљивије и спорије: нигде ни слике ни светлијег трага на зиду. Чак ни прекида у низу: слике су биле поређане у правилним размацима; да је која недостајала, њено празно место пало би одмах у очи.

Бранка Радичевића, значи, није ни било.

Да ли? Та могао је неко врло лако, у гужви каква већ бива на одморима, оборити слику; стакло би се свакако разбило а рам вероватно поломио; слика би онда била однесена да се поново урами; ето уверљивог и простог објашњења.

Дечак заклопи очи, не би ли лакше претражио памћење. Учини му се да ипак види Бранков профил, дугу косу, танак брк, чак и црн дрвен рам и одсјај сунца на стаклу; слика је стајала између... није се могао сетити између кога и кога. Поред Вука би било логично, али (он отвори очи) крај Вука је с једне стране висио Доситеј, а са друге Његош.

То је могло значити да Бранка ипак није било. Али одакле онда она слика која се малочас појавила пред заклопљеним очима? Сећање није могло ниђи тек тако, ни из чега.

Ствар је мирисала на мистерију. Бранкова је слика због нечег однесена, при чему је учињено све да се трагови заметну. Је ли пао у немилост? И Дечак замисли како у свим основним школама, касно ноћу или рано ујутру, директори скидају идентичне Бранкове слике (лично, јер из *безбедносних разлога* не сме се ширити круг упућених) и односе их на скровито место. »Је л у реду оно?« »Јесте, склонио сам.« »Није вас нико видео?« »Нее, ни говора.« »Одлично, директоре. Само пазите: ником ни речи.« »Без бриге.« Подухват је успео, нико није приметио ништа, он је први који је малочас, чистим случајем, открио да слика недостаје; он је једини који може помоћи правди да тријумфује – али истовремено, он *превише зна*, и ако се ма чим ода, његов живот неће вредети ни...

Не. Дечак одмахну главом: хипотеза је почела приметно застрањивати. Како би могао пасти у немилост неко ко је – али година се не појави одмах, те је за њом морао трагати, као да га је Пандур прозвао – неко ко је од 1853. мртав? Нешто је друго посреди, нешто што би сасвим лако могло бити са друге планете. Из друге галаксије, из цивилизације високо развијене и зле; они хоће да покоре Земљу, али не силом: ма колико да смо технолошки иза њих, ипак бисмо им били тврд орах, имали би и они губитака. Стога делају из потаје: утичу на наше умове не бисмо ли заборавили да смо икад имали научнике и писце (дакле и њихова дела); кад ту операцију доврше, наћи ћемо се празни, тупи, заиста инфериорни; покориће нас као бесловесну стоку. Заборав ће, природно, бити потпун ако се униште докази људске историје и културе. Овде ће из људског сећања избрисати Бранка Радичевића, онде Балзака; негде Ајнштајна, негде Перикла; и тако редом. Треба делати док још траје ова прва фаза, треба обавестити власти, Уједињене нације, треба чувати доказе који су ванземаљцима промакли, организовати се као они памтиоци књига из *Фаренхајта 451*, разгласити свима да је Земља у опасности...

Дечак се, у себи, подсмехну себи. Волео је научну фантастику; једна од пустих жеља била му је да доживи долазак ванземаљаца – и да их види, по могућности уживо; но, подозревао је да му се неће испунити, управо зато што је толико јака. На скали остварљивости стајала је упадљиво ниско, негде између његових изгледа да постане репрезентативац у кошарци и вероватноће да се пронађе лек против рака. Изнад нуле држало ју је уверење да, била каква била, бар није унапред отписива. Мраморни споменик не може се одржати на површини воде, из трешњеве коштице не може израсти палма; али сасвим је могуће да интелигентних бића буде и ван Земље – а ако је то дато, онда нема физичког закона који би их зауставио на путу до нас. Има само тешкоћа, што је сасвим друга прича.

А можда Бранка Радичевића никад није ни било на том зиду.

Пандур седе за катедру, извади марамицу из горњег цепа на сакоу, и поче брисати наочаре. Хукао је на стакла приневши их сасвим близу устима; кад би се замаглила, почео би их трљати, не претерано пажљиво, обе стране одједном; обрисане наочаре дизао је према светлу, поново хукао и поново трљао. Гледајући пару на стаклима, Дечак се сети свог предјутарњег сна.

Од кога су, наравно, преостали само дроњци. Пад с неке висине (дрвета? крова?), паника у ваздуху, жесток смртни страх, продор чисте среће кад је открио да може летети — да је то, штавише, крајње једноставно: треба само махати рукама. У финесе је ушао брзо, готово без вежбања: јачина замаха повећавала је висину, а учесталост брзину; за скретање улево или удесно важила су иста правила као у краулу. Потом је летео: узлетао и пикирао, пуштао се да падне сасвим ниско и у последњем трену ноншалантно узмахивао и пловио увис, уживајући у дивљењу људи који су га одоздо посматрали; хтео им је довикнути да и они могу, да је то просто; викао је, али због нечег није успевао да састави сувислу реченицу; они су се (да ли због тога?) љутили, псовали га, гађали камењем, убрзо се испоставило да махање више не делује, падао је, непријатељи су га чекали на земљи спремни да га растргну...

...нашао се на грбавој калдрмисаној улици, трчао је свом снагом, чуо Сестрин глас: »Стани, овде има јабука! Јабуке, знаш колико јабука! Јабуке, стани!« И утрчао у мрачни улаз одакле је долазио глас, јурио једним ходником, другим, трећим, ходници су се укрштали, није знао где је и куда ће, у Сестрином гласу осећала се преша, преклињање, викала је: »Пожури!«

Радило се о животу и смрти, трчао је све брже али су се ходници све више заплитали, пало му је у очи да нигде нема врата, Сестрин се глас чуо иза зида, пипао је по зиду тражећи пролаз...

...и ту је сада била празнина. Није запамтио како се то завршило. У првом следећем кадру који му је остао у глави, сишао је с аутобуса и нашао се у Тел Авиву.

Будан на часу, и удаљен сатима од свог сна, сећао се понајпре да му је било савршено природно бити у граду у коме на јави никад није био. У сну је познавао телавивску топографију једнако добро као и београдску, знао је да се упутио на неку прецизну и одавно упамћену адресу, знао је пут до ње, ходао је кораком староседеоца поред продавница, ресторана, банака; из киоска с новинама продавачица се избатргала преко пулта на тротоар, дотерала косу и хаљину, ставила наочаре; испоставило се да је то његова тетка. Рекла му је: »Боже, ала си порастао!« (на ком језику? као да није био ни српскохрватски ни хебрејски). Није знао шта да одговори (као и на јави, уосталом); стајала је и чекала да чује шта ће он рећи, наочари су јој се замаглиле, ту се одмах створио полицајац и рекао нешто као: »То је забрањено! Сместа обришите!«; тетка је с најближих новина оцепила део прве стране и почела брисати наочаре, њега је пропис зачудио, деловао му је и смешно и ружно; да ли се касније нешто десило или не, није знао; није било ничега све док није отворио очи и појмио, али не одмах, да је све то било сан, чиста измишљотина. Погледао је кроз прозор, напољу је већ било сасвим светло; погледао је на сат (који је носио и у кревету) и прочитао *4:47'32*; окренуо се на другу страну и заспао. Поново је сањао нешто, али се није сећао шта:

имао је само општи утисак збрке и наглог смењивања сцена.

Веома је ретко памтио снове — што му је одговарало, јер их није волео. Мисли о сновима, алкохолу и дроги доносиле су му нешто између зебње и гађења: мрско му је било немати власти над собом. У тренуцима кад је бивао осетљивији него обично, трнуо је на мисао да се може бити беспомоћан, под контролом — диктатуром! — страног и хировитог Нечег, лишен чак и оног што се сваког трена подразумева: способности да говориш, да покрећеш мишиће по својој вољи, да исправно примаш извештаје чула.

Сан о летењу — толико је памтио — није му био први. *Шта је то*, мислио је, *која је то фора?* Није веровао да снови могу ишта значити као предсказање — али као информација о самом себи? то већ није могао сасвим да одбаци. Утолико му је било кривље што не разуме шта то, у ствари, он себи поручује.

Тел Авив је сањао први пут; питао се зашто. То није ни издалека био град који му је био на срцу, као Лондон, Рио де Жанеиро, Венеција или Пекинг. Да није било ТВ дневника, Тел Авив би му био само ускладиштени географски податак: тачан одговор на питање: »Који је био први главни град Израела?« Овако су га вести са Блиског Истока редовно подсећале да тај град постоји, и каткад показивале статичну панораму града, као на разгледници. Имена географска и људска бивала су просипана у гомилама — Тел Авив, Каиро, Рабин, Аман, Арафат, Бејрут, Синај, Шамир, Хусеин, Јерусалим, Газа — и остајала му у глави понајпре зато што су редовно била једна те иста, мада у разним пермутацијама. Чинила су део приче о мржњи, терористима и рату, приче до те мере заплетене да се мало шта могло поближе разабрати.

Подаци су се гомилали, али разлози су упорно остајали нејасни; било му је као да гледа серију чији је први наставак пропустио. Једном је замолио Оца за неко оквирно објашњење; Отац је слегао раменима, раширио руке и рекао: »Сине, то је тамо такав куплерај...« Даље се није имало шта причати. Политика је спадала у ствари за које је он у Дечаковим очима и даље био неприкосновени ауторитет; ако ни сам Отац ту нема одговора, неће га имати нико.

Касније се ипак сетио неког другог: Зокијева баба по мајци била је Јеврејка. Уз то, имала је братанца и снаху који су се после рата иселили у Израел; с њима се редовно дописивала. Могло се очекивати да зна нешто, неки аргумент јасан Јеврејима (или само Израелцима), неки податак који би размрсио чвор. Живела је са Зокијевима; знао ју је добро. Питати њу?

Предомислио се брзо. Бака-Сара се радовала друговима свог унука-првенца, увек их нуткала нечим за јело и често благосиљала (»живео ти мени, сине, сто двадесет година«); оба су јој брата била стрељана на Бањици, а родитељи спаљени у Аушвицу; окупацију је с муком преживела у мужевљевом родном селу, под именом Косара и његовим аутентично српским презименом; увек је морала нечим да запосли прсте, чак је и телевизију често гледала с плетивом у руци; имала је тамнољубичасте подочњаке; закључио је да би било ружно питати је о ма каквом рату.

*Ако је већ Тел Авив*, помисли, *зашто нисам сањао бака-Сару?*

*Понудила би ме погачицама, ха-ха.*

*Што, баш су јој супер погачице.*

*И онда бих се пробудио, и шта? Опет ништа.*

Једино је Сестра била објашњива.

Требало је да недеља без ње буде лагодна; није испала сасвим таква. Откако се упут за болницу појавио у кући, родитељи су се видљиво смркли, на Мајци се видела и нервоза; он је остао миран. Знајући да је операција крајника једноставан, рутински посао, није стрепео да ће ишта поћи наопако; штавише, радовао се. Сестра ће моћи да живи пуније, мање опрезно: престаће њени назеби, запаљења, висока температура, кашаљ, повраћање од пренадраженог грла; биће здрава као и он. Престаће и нуспродукт боловања: његове сопствене невоље. Дању је сваки час морао прекидати своје послове и обављати ситне болничарске услуге, а ноћу су га будили њени напади кашља и Мајчини уласци са двобојним капсулама антибиотика (*на сваких шест сати по једну*, гласила је кључна реченица свих запаљења).

Сада је свему томе видео крај.

Од Сестриног лежања у болници очекивао је и неке краткорочне благодети. Већу доступност телефона и купатила. Боље место пред телевизором. Мир и самоћу за домаће задатке. Кратак одмор од обавезе да преслишава Сестру из историје.

Није превиђао ни цену: Сестрин део кућних обавеза. Међу њих је спадало и брисање прашине са украсних фигурица на регалу у дневној соби; презирао је и тај посао и већину фигурица; знао је ипак, не морајући много да мери, да су предности веће.

Почело је изврсно: дугим јутарњим спавањем. (У школи је имао поподневну смену.) Раноранилица и разговорчика, Сестра би га свакако била пробудила, тобож ненамерно или тобож оправдано; овако се пробудио сам од себе, блажен. Блаженство је потрајало до поласка у школу и наставило се после повратка; све до вечере. Онда је приметио да је иза Сестре остала рупа. Вечерњи породични ентеријер био је непотпун, четврта столица била је празна, недостајао је један учесник вечере, један члан екипе, један глас у квартету.

Ни само јело није било богзна шта.

Филм на телевизији мало је поправио ситуацију, мада ни Отац ни Мајка нису могли заменити Сестру: с њима се није могао онако исто сашаптавати, подгуркивати и смејати.

Онда је пошао у кревет, без саговорника. Читао је дуго, не могући да заспи тек тако, без увода; а увод је био прегањање са Сестром, гађање јастуцима и смотаним чарапама, кикот, срдити родитељски упади – »Мир већ једанпут!«, или: »Знате ли ви колико је сати?« – његови протести, Сестрине умиљате молбе, дефинитивно гашење светла, накнадни одласци у купатило, и – надасве – разговор у мраку.

Разговор је почињао нечим свежим, најчешће телевизијским (јер на спавање су махом одлазили право из породичног гледалишта, често отерани са пола касне емисије); практично неизбежна била су трвења у школи, оцене, наставници, другови, *провале*; док се сан час примицао час повлачио, причали су о кошарци, новим плочама, путовању авионом, надимцима, егзотичним животињама, рекордима из Гинисове књиге, глумцима, намештају, телетини, Лондону; у неко доба говорили су: »Јој, види колико је сати«, или: »Ајде, бре, да се спава; лаку ноћ.« А онда по правилу, окренувши се двапут-трипут у кревету, настављали разговор; ретко би сутрадан били сигурни ко је први заспао.

Читање је било слаба замена за све то. Можда зато што се књига — Лемов *Соларис*, већ допола прочитан — одвећ позивала на биологију и физику. Неки су му пасажи стога били једва докучиви или сасвим нејасни, једило га је што му кваре уживање у напетости, акцији и језа. После десетак страница спустио ју је на под, угасио светло и окренуо се зиду, али није одмах заспао. Нешто у глави радило је против сна, неки центар се очигледно још није био умирио. Тако су му почели, монтирани на рез као у музичким спотовима или филмским *форшпанима*, израњати призори и доживљаји којих би се, да је могао, одрекао занавек.

Ноћни лептирић који је слетео на свеже обојен радијатор у кухињи и остао прилепљен. Боја га је потпуно прожела. Он сада изгледа као да је изливен уцело са радијатором, као да му је какав украсни део.

Очев пријатељ из младости, човек на кога су наишли прелазећи Трг Републике. Пријатељу су у горњој вилици била преостала само два зуба: зачудо, не кутњаци него обе *јединице*. То га је чинило сличним зецу, или хрчку... али састављене обрве и јака доња вилица одузимале су лицу могућност да буде симпатично, те је Дечаку остао помешан утисак: зец месождер, суров хрчак.

Човек нешто испод средњег раста, проћелав, који се својој паркираној »застави 101« вратио трком видевши да ју је дограбио »паук«. Дечак је био предалеко да би ишта чуо, али ствари су ионако биле јасне: човек је гестикулирао, обраћао се час возачу час милиционару, извадио је новчаник, возач није реаговао, милиционар је једва дигао поглед са своје бележнице и одрезао нешто кратко, јамачно: »Не може!« Човек није престајао да богоради, мучно је било гледати га онолико усплахиреног. За све то време, светлосмеђа »застава« мирно се дизала изнад плочника.

Одломци песама — нарочито *новокомпонованих народних*, које су му биле одвратне. Текст му се враћао заједно са мелодијом, те му се чинило да његов глас, мимо његове воље, пева:

*Црна жено испод белог вела*
*да л си љубав ил богатство хтела?*
*Спусти вео, покри лице*
*црна жено, невернице.*

или:

*Ноћас ми срце пати*
*ноћас ме душа боли*
*тешко је кад се воли*
*па останеш са-ааа-ам.*

Пред крај недеље, донекле се прилагодио новом стању ствари. Помагало му је касно устајање, које је остављало мање празног времена до поласка у школу, и вечерње излажење међу другове. Код куће је учио нешто дуже него обично, као што је и предвиђао. При свем том, сваког му је дана по неколико пута бивало досадно.

*Биће гладна*, помисли Дечак. *Ваљда су данас рекли кеви докле мора да се пази.* Корио је себе што се није обавестио о томе колико времена треба да рањаво грло зацели, о томе кад ће престати млаке супе, редак пире и гриз. *Шницле*, помисли, *паприке, султа. Качкаваљ, шунка. Леба.*

— Кизо?
— Шта сад оћеш?
— Кад се оперишу крајници... колико после не смеш да клопаш? Мислим, колико си на дијети?
— Немам појма. Мене нису оперисали.

– Мислио сам, можда знаш онако.
– Не знам. Док не зарасте.
– Е, добро си ме обавестио. Дубоко заваљујем.
– Па кад ти кажем да не знам, кретену! Питај Весну, или Цоцу. Оне су оперисале.
– Надам се да вам не сметам – гласно рече Пандур, који је одавно био готов с наочарима и већ увелико ходао по учионици.

Дечак се врати отвореној читанци. *Ако ништа друго*, помисли, *сад ће бар моћи сладоледа до бесвести*.

Читанку је волео: била је богата. Могло се по њој лепо трагати, отварати је насумце, налазити занимљиве пасусе; чак је и међу песмама било неких које су га радовале. Дивио се Пандуру, који је из те дебеле књиге, крцате текстовима од сваке руке, готово непогрешиво бирао оне најсувље. Касније се привикао. Пандур би предавао, или пропитивао, а он би листао по читанци, тражећи текстове за своју душу и уживајући у чврстом алибију: није радио ништа забрањено, на часу српскохрватског читао је читанку за српскохрватски.

Читајући, често је застајао код илустрација. Није их све разумевао ни волео, али опчињавало га је откриће да се може радити на дословно безброј начина. Он сам цртао је невешто, и није никад озбиљно веровао да ће узнапредовати. *Како се само сете*, мислио је гледајући фине линије пером, јаке потезе четкицом, сенчења, мрље, тачкице, контрасте црног и белог, изобличења, неочекиване комбинације, оргије кривуља, полутонове, строге троуглове и квадрате, стилизације, финоћу, грубост, тајанство, усхићење, страх. Слутио је да су ти људи морали осећати неизрециво задовољство невезано за тему и начин, задовољство у самом чину цртања, у томе што међу прстима држе перо и вуку га тамо-амо, остављајући јасне црне трагове на белом папиру.

Писци су му деловали мање разнолико. Наравно, неки су били егзалтирани, а неки смирени, неки једноставни, а неки закукуљени; али се безмало сваки држао прописâ: прописâ граматичких, синтаксичких и интерпункцијских.

На страни сто двадесетој Дечак прекиде листање и застаде код наслова *ПЛОВИ, ПЛОВЧЕ*. Испод хрпице кратких текстова, сличних песмама у прози, стајало је: *Записи српских средњовековних писара*. *Па добро*, помисли и стаде читати. Првом се бледо осмехну, највише због алитерације на »п«; на други није реаговао никако; преко трећег прелете, затим се трже и, још увек не знајући зашто, поново га прочита.

*Писах у сумрак.*
*О што ми се зло писа овај лист.*
*Прости света Недељице.*

Дечак подиже главу. *О што ми се зло писа овај лист.* Реченица је намах произвела јасну слику. Човек стоји у хладној ћелији, за пултом, поред узаног прозора (који му мало вреди, јер напољу се смркава), с тешком муком чита оригинал, с тешком муком преписује на пергамент; ходао би, јео, пио, разговарао, седео поред ватре, спавао; хвата га грч у прстима стегнутим око танког гушчјег пера; очи га пеку; сав је одрвенео и више не зна да ли преписује Јеванђеље по Луки или списак манастирских добара; можда осећа како га кљуца бол у синусима или зубима; свакако му је једина жеља да буде ма где другде и ради ма шта друго, али му се управо то не остварује: он мора преписивати зато што мора преписивати.

Заједно са сликом, која се угасила после непуне

секунде, ишла је и реакција у крвотоку, упоредива са струјним ударом. Осетио је нагао кратак бол: саучешће са докраја схваћеним несрећником. Одмах потом, немајући времена ни да се зачуди, препознао је да се ради о њему самом. Он је тај коме је дотужило бити онде где је приморан да буде и чинити оно што је приморан да чини. Он.

У том тренутку манастирске ћелије нестаде и он се затече у потпуној стварности, на свом месту у својој учионици, али малчице другачији. Још увек није функционисао у пуној мери. И сувише је пажње захтевала реченица: *О шшо ми се зло йиса овај лисш*. Постала је надасве важна, захтевала је читаву свест: уздах *срйскоī средњовековноī йисара* био је прецизна дијагноза Дечаковог стања. То је била потпуна новост. Ни преосетљив ни неосетљив на писану реч, он је у животу имао тренутака кад је постајао Винету, Д'Артањан, Еркил Поаро, Хаклбери Фин, па чак и Гуливер; али сад није морао постајати нико други, сад се говорило о њему онаквом какав је. Дотле није ни слутио да је могуће налетети на себе у туђем тексту.

Кад је следећи пут удахнуо, нови је доживљај већ био схваћен и ускладиштен. Тек тада му паде на памет да постоји и трећа реченица. *Просши свеша Недељице.* Прочитавши је још једном, да утврди смисао, он окрете главу од стране сто двадесете. »Света Недељица« била му је загонетна (зашто је света? зашто баш она да прашта? зашто велико »Н«? зашто деминутив?), али не баш толико да би могла сакрити суштину. Дечак се осети превареним видевши да се монах брже-боље одрекао нечега врло битног.

Нечега, али чега? То се није видело на први поглед, а њему није ни било до истраживања: прејако је било гађење на тај страх коме није видео узрок. После гађења дошли су презир и срџба: сапатник је издао заједничку ствар.

*Али ја*, мислио је, *али ја*...

И не домисливши, диже два прста.

– Шта је било? – рече Пандур.

– Могу ли да изађем?

– Па малопре је био одмор.

– Није ми добро – рече Дечак. – Мука ми је.

– Мука? – и Пандуру се сузише очи. Тражио је потврду на Дечаковом лицу.

– Да. – Дечак није веровао да ће Пандур потврду и наћи, али уздао се у своје помоћне адуте: из српскохрватског је увек имао најмање четворку, а са часова је излазио ретко.

И заиста, Пандур слеже раменима и рече: »У реду. Изађи.«

Не устајући са столице, Зоки је привуче ближе столу и, пре но што ће Дечак проћи иза ње, шапну: »Шта ти је?«

– Хепатитис – одшапну Дечак. Зоки обори главу да му се не види осмех. У аргоу који су делили са двоје-троје најближих, »иде ми на јетру« било је прво сведено на »јетра«, а касније одмакло и постало »жутица«. »Хепатитис« је био следећи логичан корак.

У дворишту, неко одељење четвртог или петог разреда јурило је за лоптом и цичало. Ходајући по сунцу, Дечак се проби кроз њих и изађе на капију. Била је широм отворена. Он пође улево и после десетак корака нађе се на обали раскрснице. Две су се улице укрштале, нудећи му потпуно непристрасно четири правца. Лагани ветар савијао је лишће дрвећа засађеног дуж тротоара. Из BMW-а паркираног на супротној страни улице јасно се чуо радио: женски глас је певао Aquarius из филмске верзије *Косе*. Дечак је леђима и потиљком јасно осећао школску зграду, удесно иза себе, и у њој учионице где седе ђаци подвргнути српскохрватском, географији, познавању природе и друштва, математици, ОТП-у, историји, физици, *савлађивању методских јединица, утврђивању градива*, слушању, писању, оцењивању; читавог га је, као његова рођена кожа, обухватало сазнање да је у том тренутку повлашћен. Изишао је оданде где није хтео бити, да не ради оно што није хтео радити.

Стајао је не знајући куда би. Четири правца било је много; требало је одабрати један. Требало је некуд кренути, употребити слободу за нешто.

За шта? Времена је било мало. До краја часа (он погледа на сат) било је још непуних осамнаест минута. Потом је, додуше, на реду био одмор — даљих петнаест — али он га није рачунао у освојено време: на одмору је ионако свако слободан.

Забушити и остале часове? То би донело два неоправдана изостанка; а чему? Нису га угрожавале ни биологија ни географија. Уосталом, потпуно је независно од њих постојао још један разлог: торба. Торбу није нипошто смео оставити у учионици; по њу би се морао вратити одмах после петог часа, и тако озбиљно ризиковати да буде примећен.

*Не*, исправи се Дечак, *то би могао и Зоки*. Ништа природније него да он, видећи да га нема, врати његове ствари у торбу и понесе је заједно са својом.

*Али шта да радим сам?*

То је већ била препрека вишег реда величина? Све и кад би изостанци прошли непримећени а торда била сигурна у Зокијевим рукама, самоћа би остала нерешива. Отпао би сваки спорт и сваки разговор, остало би само глуварење.

Које Дечаку није пријало без друштва.

Тада му паде на памет да би просто могао отићи кући па читати *Алана Форда*, или слушати радио, или играти Harrier на компјутеру. Кућа је нудила разне могућности. У кући би, уза све то, затекао – или убрзо дочекао – Сестру, које се био ужелео; имао би друштва и разговора...

...али Сестра не би била сама. Уз њу би ишла и Мајка: »Зар ти ниси у школи?« Морао би је лагати, тешко да би је убедио, Мајчина грдња поништила би свако задовољство.

*Е, до мојега.*

Тешко се мирећи са закључком да се не може дуго бити слободан, Дечак се врати својој уштеђевини од непуних осамнаест минута. Шта с њом? Прошетати се? Попити кока-колу? Појести ђеврек? Купити жваку? Колебао се. Ниједна варијанта није га посебно привлачила, био је према свакој подједнако млак.

Вратити се на час, кад је већ тако?

На ту мисао га ожеже стид. Стидео се, и чудио, што ју је уопште и могао зачети. Вратити се тек тако, не искористивши слободу, било би »Прости света Недељице«. Би му јасно да ће се обрукати пред собом, издати и порећи нешто веома своје, ако пре повратка не испуни један услов: да учини нешто, било шта.

Пређе на супротни тротоар. То се већ могло сматрати уводом у неки подухват. Не допуштајући себи да стане и даље размишља, окрете се надесно и пресече попречну улицу. Сада већ није морао ништа планирати: знао је да ће после педесетак корака, иза првог угла, стићи до киоска с виршлама.

Јео их је натенане, веома задовољан што је спасао част; пријали су му кувано месо, сенф и земичка. Обрисавши уста, продужи до киоска с новинама да погледа старе бројеве стрипова које је продавац примао натраг од познаникâ и препродавао. Прегледа их, не нађе ништа занимљиво, уђе у суседну продавницу, купи јогурт у тетрапаку, исправи један угао кутије, откиде га ноктима, испи јогурт, убаци празну кутију у први отворени подрумски прозор, и врати се у школу. Двориште се управо пунило ђацима: почињао је одмор.

– Која фрка – рече Пеђа. – Шта сте пропустили, немате појма. Можеш замислити Лазаревића...
– Ког Лазаревића? – рече Зоки.
– Па тог газду од папиге. Можеш замислити: отишо код комшије на пети спрат, па спушта кавез до четвртог, виче одозго: »Ћиро! Ћиро!«... еј, а пола куће изишло на прозоре, вичу: »Још лево, комшија!«, »Пазте да га не ударите«, људи се на улици скупљају, зверају... живи пиш!
– А папагај? – упита Дечак.
– Ко, он? Ништа, стоји на симсу, боли га дупе.
– Па што га није ватао руком? – упита Дечак. – Мислим, кроз прозор? Што се пео на пети спрат?
– Си глуп, како не схваташ? Лазаревић не станује на четвртом спрату. Он је у приземљу, а папига је одатле збрисала на четврти.
– Па свеједно. Што није ушо код тих људи што станују на четвртом?
– Нису били кући, бре!
– И? – рече Зоки.

— И онда се он спустио... е, то вам нисам реко: прво је једно седам-осам пута враћао кавез, уврто му се на канапу, па нису дошла вратанца пред папигу... па се изнервиро, јеботе; а ја умирем. Ал није ме видо, сав се био занео. И на крају све средио, кавез лего како треба, а папига ништа.

— Сигурно се поплашио — рече Зоки.

— Сигурно. Знаш откад га човек има? Пет година гарантовано. И није никад бежо, ни кад оставе прозор.

— Па што сад? — рече Дечак.

— Откуд знам? Углавном, он тако чучи на симсу, Лазарко само виче — »Ћиро, Ћиро!«, »Оди, Ћиро!«, »Лепи Ћиро« — ништа! Једна му жена виче одоздо: »Ставите му неку храну у кавез!« Ал где он сад да силази у приземље, побећи ће му папига, човек сав очајан, не зна шта ће. А мени кева виче кроз прозор: »Ајде, Пеђа, закаснићеш на енглески!« — ја сасвим заборавио, јеботе — и стварно било већ касно, ал ко ће сад да иде? И на крају папига одлете.

— Куда? — упита Дечак.

— На дрво.

— И нису га ухватили?

— До синоћ нису.

— Шта, побего и са дрвета?

— Е, то не знам. После нисам видео шта је било, отишо сам на енглески. Само ми је кева рекла да га нису ухватили.

— Више и неће — рече Зоки. — Папагај кад побегне, не уме да се врати.

— Па шта ради? Подивља?

— Цркне. Нема шта да једе. Шта може да нађе на улици?

— Или га искључају врапци — рече Пеђа.

— Уууууу! – рече Зоки.
— Господин имају бујну машту – рече Дечак.
— Озбиљно, бре, шта вам је? Нисте знали?

Зоки и Дечак се згледаше.

— Јесте, јесте – рече Пеђа. – Врапци, голубови; они не знају шта је папига, мисле: непријатељ. И развале га.
— Твој није бежао? – упита Зоки.
— Ја да му оставим отворен прозор? Нема шансе.
— Не мораш ти; може ћале, кева...
— Ма какви, они још више цвикају. Нема шансе, кад ти кажем.
— Боље је пас – рече Дечак. – Пси не беже. И уопште је боље.
— Да, само знаш пошто је једна цукела? – рече Пеђа.
— Не мора расни, шта ће ми. Може какав оћеш, са улице.
— Па ти доведи.
— Поред мог ћалета и кеве? Ни у бунилу, човече.
— А јеси их ложио?
— Не, ти си их ложио! Иди, бре, колко сам мољакао; не помаже. Као фол није здраво... и не знам, није пас за стан, и ко ће да чисти за њим, и ко ће да га шета... У ствари, не воле да им се ништа шуња по стану. Кажу: »Купићемо ти рибице, ако хоћеш.« Нашли су шта да ми понуде, јеботе, ја сам ко луд без рибица.
— Рибице су килаве – рече Зоки – кој ће ти мој? Црквају док си реко »пиксла«. Ако је вода ладна, ако није хемијски чиста; па онда мораш да имаш ону пумпу...

Дечак се сети прошлогодишњег пса. Пас је био сасвим једноставан, улична мешавина, потпуно црн ако се не би рачунале две смеђе пеге, по једна у средини сваке обрве; трчкарао је од дрвета до дрвета и њушкао око стабала. Била је ноћ, неки минут пре једанаест; Дечак се враћао са Тањиног рођендана; он и пас били су сами на улици. И верујући и не верујући да ће се пас одазвати, тихо је звизнуо; пас му је пришао готово без оклевања. Веома обрадован, Дечак му је почео говорити. »Цукело«, рекао је нежно, »мангупе. Куд се скиташ у ово доба? А? Куд се шуњаш? Је ли, Гаро?« (Име Гара дошло му је само, као да га је знао одраније.) »Добар си ти, добар. Лепи Гара. Баш си добар. Гара скитара.« Чучнуо је и почео миловати пса. »Добар си ти. А куд си кренуо, куда? Куда, Гаро? А? Је л немаш кућу? Немаш газду?« Пас није имао ништа око врата. Дечак је за тренутак погледао у будућност и видео га у својој кући, видео себе како му купује каиш, како се Сестра и он паште око њега, како су се родитељи предомислили...

Али знао је да се они предомислити неће. Имао је за собом и сувише неуспелих покушаја. Тај део стварности био је непроменљив.

Неколико минута је остао да чучи, мазећи пса и причајући му; на крају је устао и рекао: »Ћао, Гаро!« И продужио кући. Пас је кратко лануо и пошао за њим.

Стигавши до улаза у своју зграду, Дечак је стао, не знајући шта би. Није му се дало да тек тако остави пса. »Иди, Гаро«, рекао је. »Иди, шта могу. Иди.« Чинило му се најбоље да пас оде. Оставити га пред улазом значило би разочарати га.

Али пас није одлазио. Стајао је и махао репом док му је он говорио: »Шта ме гледаш, иди! Кад не могу — не могу. Убили би ме ћале и кева.«

Тада му је пало на памет да је пас можда гладан. Рекао му је: »Чекај!« И шмугнуо у капију, затворивши је сместа за собом. У стану су никли водвиљски проблеми: требало је објаснити зашто узима из фрижидера шунку (»Зар ниси јео код Тање?«) и зашто одмах поново излази. Морао је отићи у своју собу, узети најближу књигу и испричати да је носи Горану који га чека пред кућом (»А што си га оставио, што га ниси позвао да уђе?«). Шунку је држао у устима правећи се да жваће.

Пас је шунку појео, па се Дечак мирније савести вратио у стан. (Књигу је гурнуо за појас панталона и покрио џемпером.) Гару – или бар пса који је личио на Гару – видео је још једном, али издалека. Покушао је да га дозове звиждуцима; пас га, по свему судећи, није ни чуо: трчао је равномерно, не застајући да ишта њушне, као да се некуда упутио са важном поруком.


– ...да им се обнавља кисеоник – говорио је Зоки – а и онда мораш да им мењаш воду... ма какви, човече, не долазе у обзир.

– Па наравно – рече Дечак.

# Четврти час и одмор
од $10^{55}$ до $11^{45}$

– Еј, јеси чула како је Мехо копао кромпире?
 – Па наишо Хасо и питао да л су крупни?
 – Јесте – разочарано рече Дечак. – А оно »Шта је твој деда био у рату?«
 – Ти си баш лапонац, јеботе; од тебе сам и чула.
 – Од мене? – али то је било само ритуално спасавање образа: знао је да Мирка има право.
 – Немаш ништа свежије?
 – Немам.
 – Па онда боље ћути.
 – Досадно ми.
 – Онда причај нешто друго.
»Шта друго?« хтеде да каже Дечак, али не рече ништа. Видевши да он не мисли проговорити, Мирка се окрете полудесно и поче обртати оловку у резачу. Није имала разлога: наставница је пропитивала, а то ће јамачно чинити и наставник географије на следећем часу, до краја школског дана оловка неће имати посла. *Зашто је оштри?* лењо се питао Дечак, а онда схвати да је Мирки досадно колико и њему. Обоје су пре непуних недељу дана одговарали из биологије и знали да на овом часу неће бити прозвани.

Гурну руку у торбу, и повуче је готово истог трена. *Алана Форда* није било: остао је на поду поред кревета, дочитан око поноћи и спуштен пред гашење светла. *Идиоте!* помисли Дечак. Ту свеску, најновију, хтео је понети у школу, као што је често носио понешто за разбијање досаде; заборавио ју је, колико се могао домислити, због патика.

И он их погледа испод клупе. Још увек су биле чисте и беле, једва мало запрашене. Било их је лепо видети.

Мада би му, знао је, више од њих пријао *Алан Форд*. Са извесним тиштањем у души мислио је на своје две гомиле његових свезака, по тридесетак бројева високе: да је само извукао једну, било коју! Сад би се, на часу који не обећава никакву радост, могао тихо и неприметно изгубити у *Двострукој игри*, или *Сјећању на драгог покојника*, или чак *Аеробику*, већ упола заборављеном. Број Један витлао би штаком из својих колица, сер Оливер би крао лево и десно, Боб Рок би се презнојавао од страха у пребрзом аутомобилу, група TNT петљала би се и отпетљавала, час биологије прошао би без њега, мимо њега, ничим га не дотакавши.

Окрете се. Горан и Трапос играли су покер са Ницом и Ушкетом, који су на биологији седели иза њих. Кибицовати се није могло: карте су држали у висини пупка, готово сасвим уз тело, сакривене дланом. Дланови су сасвим достајали: карте су биле упола мање од обичних. Горану су их прибавили родитељи негде почетком године, на његов захтев. Дечак, који је њима неколико пута играо на часу, веома их је ценио као изум. Веровао је да нису настале тек тако, из чистог цакизма, него да се њихов творац у неком тренутку сетио колико људима често бива потребно да се картају непримећени. *Баш је могао да позове Мирку и мене*, помисли Дечак. Трапос му је био неспоран: прво, седео је са Гораном, и друго, био је добар у покеру; али зашто Ница и Ушке, људи мање блиски Горану? Биће да су се први сетили, па се партија игра на њихов предлог; Дечак није могао смислити никакво друго објашњење. Било му је криво што су занесени у игру па га и не примећују, што ни кибицовати не може, што је искључен.

– Дај да видим – рече Горану.

Горан ничим не показа да га је чуо. Посматрао је своје новоподељене карте, збијене у тесну лепезу на левом длану; најзад одвади две и стави их на клупу.

– Две – рече Ушкету.

Трилинг? Један пар плус кец? – Дај да видим – понови Дечак.

Горан окрену главу ка њему. – Чекај, немој сад. После.

Дечак је посматрао даље, колико је могао. Ница затражи две карте; Ушке једну; Трапос се био изјаснио пре Горана, истовремено са првим »дај да видим«, па Дечак не дознаде ништа о његовој руци. Ушке им поче одбројавати: »Теби три... теби две... и теби две... а мени једна али вредна.« Из тога је испао једини опипљив податак: да је Трапос променио три карте. Са стране се није видело ко је шта добио и колико се окористио. Лицитација се којекако и могла пратити, али без података о јачини карата није говорила готово ништа. Дечак се окрете на столици и поче добовати прстима по клупи.

Испред њега су седеле Наташа и Сешка, одавно сврстане међу особе за које је говорио да им се не би обрадовао ни на пустом острву.

Наташа је живела у сапунској опери: ниједан заплет није био коначно расплетен и ниједан дан није пролазио без сензација. Најбоље другарице преконоћ су постајале покваренштине које су за кашњење кући из вечерњег биоскопа бестидно кривиле њу, или на часу одбијале да јој шапућу, или јој узајмљену плочу враћале изгребану; с њима је могла две недеље не говорити а у трећој их грлити и звати кући на реформ-торту. (Што, наравно, није значило да их у четвртој неће оптужити за оговарање код непријатељица — махом бивших другарица — и жестоко омрзнути до даљег.) Школски другови, наставници, суседи, родбина, пријатељи родитељâ, глумци, спортисти, певачи, водитељи ТВ дневника, жене из киоска с виршлама, имали су болесне, или криминалне, или комичне тајне, а она је о томе увек знала неки детаљ више но што се говорило, писало или слутило. Каткад су и нескривени догађаји бивали довољно јаки: манекенка би после саобраћајне несреће остајала богаљ, или би наставник из унутрашњости доспевао у затвор због завођења ученице. У најгорем случају, ако се није дешавало ништа, своје мишљење о Надици, у најстрожем поверењу испричано Тањи, чула би — и то деформисано — од Весне, којој је Тања, наравно, све избрбљала пре но што је отрчала Надици да јој исприча шта Наташа мисли о њој.

Сешка, правим именом Селена, девојчица лепушкаста, кокетна, живих очију, патила је од тужакања. Ствар је најчешће почињала њеним: »Немој!«, или: »Врати ми то!«, таман довољно гласним да га наставник чује и запита је о чему се ради, дајући јој тако изговор за гласну жалбу. Али, бивало је и да наставнику директно говори: »Хм, ово му је тата нацртао«, или: »Преписала је од Лоле.« То је већ погађало оцене пријављених и, по Дечаковом погледу на свет, било неопростиво.

Још једном окрете главу ка Мирки. Погнута над свеском, она је свеже зашиљеном оловком скицирала китњаст овалан оквир, јамачно за Бокијево име.

Изолација је била потпуна; помоћ се није ни назирала. Озбиљно је претила досада, пусто и тегобно чекање, попут оних по железничким станицама и чекаоницама испред ординација, време у коме се не догађа ништа. Учини му се да се више ништа и не може догодити. Све што ће бити, већ је много пута било: пети час после четвртог, последње звоно за тај дан; повратак кући, Мајчино, »шта је било данас?«, његово, »ништа нарочито«, Очево спавање после ручка, поподневна тишина у кући, телефонски разговори, невољно писање домаћих задатака, телевизија; сутрадан поново школа, отаљавање једнаких дана, ништа ново, ништа ново. Бранећи се, он поново бркну у торбу.

*16. ЗАВИЈУТАК*
*17. ПОДМОРНИЧАР*
*18. ПАЛИМПСЕСТ*
*19. НЕСТРПЉЕЊЕ*
*20. КАТРАНЏИЈА*
*21. СТИМУЛАЦИЈА*
*22. ИНДУСТРИЈАЛИЗАМ*

*Не*, помисли Дечак и прецрта ИНДУСТРИЈАЛИЗАМ. Реч је била предуга: петнаест слова. За горњу границу био је одредио дванаест. Дуже речи, мислио је, не би биле фер; игра би испала неоправдано тешка.

*22. ГРАЂАНСТВО*
*23. ПРЕТХОДНИК*

*У, то је добро*, помисли Дечак. Неко ко би решио почетак или крај (па чак и обоје: битно је само да у средини остане рупа) могао би помислити да се тражи *ПРЕДВОДНИК* или *ПРЕДСЕДНИК*, и тиме бити за корак ближи губитку.

*24. НЕСУГЛАСИЦА*
*25. ТРБУХОЗБОРАЦ*

Дечак одахну. Двадесет пет лепих речи за опцију »један играч«. Више и не треба: *вешала* је ипак најбоље играти удвоје, а за ту варијанту није потребно да овакав списак стоји у меморији. Уосталом, ако се другови покажу склонији соло партијама са компјутером, он ће увек моћи да уђе у програм и уместо проваљених речи убаци нове.

Наравно, под условом да програм — свој први озбиљнији — уопште напише. Познавајући само BASIC, па и то са рупама, Дечак се унапред одрекао сваке игре која би захтевала пристојну анимацију и већу брзину изведбе; тако се зауставио код *вешала*. Скице на папиру обећавале су савладљив посао, али он је већ знао да се багови појављују из веома ведрог неба. Знао је и где га — независно од *багова* — чекају највеће муке: код LJ, NJ и D . Компјутеру би се морало наредити да свако од њих третира као једно слово; то би лако решила три нова UDG-a (поврх оних за Š, Đ, Č, Ć и ), али хоће ли играч лако упамтити осам *шифтованих* дирки? Наравно, неће; мора се, значи, негде на екрану наћи место за упутство типа S+CAPS SHIFT = Š \*\*\* D+CAPS SHIFT = Đ \*\*\* C+CAPS SHIFT... и тако редом, а то ће сузити простор за игру. Но, право зло било је у нечем другом: хоће ли сваки играч, и поред упутстава на екрану, куцати речи како ваља? Слова YU seta, разуме се, нису проблем: пошто их на тастатури нема те нема, једино се и могу куцати шифтовано; али шта са LJ, NJ и D ? Неће ли сваки играч махинално куцати LJ као L плус J уместо CAPS SHIFT плус L?

И, по истој логици, DJ уместо CAPS SHIFT плус D? Та они су невични и куцању на машини, а камоли на »Синклеровој« примитивној тастатури.

*Јебеш укуцавање*, закључи на крају Дечак. *Нек стоји цела азбука у једном реду, а слова нек бирају на курсоре и ENTER.*

*Спорије ће бити.*

*Спорије али сигурније, шта да му радим.*

Дечак отвори свеску за математику и, нашавши празну страну, исцрта правоугаоник тридесет два квадратића дуг и двадесет два висок: то је био екран. Азбука ће стати у први ред, остављајући са сваке стране по једно празно место; испод ње треба да се креће курсор (стрелица окренута врхом нагоре, која већ постоји на тастатури; не треба правити посебан UDG); за кретање курсора треба кратка субрутина, рецимо:

```
1000 IF INKEY$ = »1« THEN LET k = k - 1
1010 IF INKEY$ = »0« THEN LET k = k + 1
1020 PRINT AT 1, k...
```

... и Дечак се трже, сетивши се да није себи у подсетник унео шта је *k*. На брзину исписа *k = 2. koord. kursora*. На то се родише две идеје: да се после притиска на ENTER чује неки звук и да показано слово почне трептати. Испод недовршене команде 1020 он нажврља: *1030 BEEP .05, k i f = FLASH f za PRINT azb.*

Но чим је дигао оловку, помисли: *А што да флешује? Боље да се угаси.* Та је идеја била боља: играч ће тако одмах видети које је слово употребио. Дечак прецрта *f = FLASH f za PRINT azb.* и написа *INK slova 0 posle ENTER.*

Мислио је даље. У следећем кораку играч мора видети је ли погодио или не; то значи две нове субрутине: једна за уношење слова на право место у задатој речи, а друга за исписивање поруке НЕМА! или ПАРДОН, или ПОКУШАЈ ПОНОВО, или...

Тада му паде на памет да је пренаглио: пре тог рачвања, програм мора претражити задату реч да види постоји ли у њој слово које је играч означио.

Знао је да ту треба радити са LEN, одвојити још једну променљиву за редни број слова у речи, прво LET l = LEN a$(n), онда унети петљу FOR-NEXT; даље није био сигуран. У петљу је пре NEXT морало да уђе једно IF-THEN, али како га одредити?

— Видеће вас, идиоти!

Глас је био Миркин; Дечак окрете главу удесно и виде само њен потиљак. Говорила је Прелету, од кога ју је делио пролаз између редова; он није одговарао. Дечак вирну иза њених леђа. Преле и Гага седели су погнуте главе, дубоко заокупљени нечим. Подлактицом положеном дуж ивице клупе и дланом окренутим сечимице, Преле је заграђивао своју страну; на суженом видном пољу могло се само назрети нешто: неко кретање. Извијајући главом, Дечак на крају угледа два хрчка како се чаркају. Колико се могло видети, Гагин је био надмоћнији.

Хрчци су били више мода него ишта друго — и то, колико је могао да види, само међу дечацима. Могли су се набавити за мале паре, јели су отпатке поврћа и воћа, доносили су власнику само мало обавеза; имали су зашто да буду тражени. Зашто их девојчице нису држале, није умео да докучи. Налазио је да имају све изгледе и за њихову љубав, онако мали, мекодлаки, сјајнооки, веома драги кад мрдају њушкицом или је перу шапицама; девојчице су се заиста усхићивале, али куповале их нису.

Имати хрчка. Било би лепо имати хрчка. Пуштати га да извиђа по столу док радиш домаће задатке. Хранити га дугим танким лискама које остају после љуштења шаргарепе. Доносити га у школу у џепу, имајући тако увек уза се нешто за забаву. Просто, бити нежан са ситним незаштићеним бићем. Нешто од тога већ је упознао, играјући се у неколико наврата са Гагиним хрчком; зато му је, с временом, постало битно да има свог, да не зависи ни од кога.

Што је, при политици својих родитеља, морао да отпише. Посматрајући двобој на Гагиној клупи, питао се како би они примили свршен чин. Шта би се десило ако би просто купио хрчка и донео га кући?

Највероватније ништа добро. Теоретски, Мајка би можда смекшала видевши умиљату меку животињицу; то би имало вредност очигледне наставе; али је исто тако било вероватно да уместо смекшавања буде: »Носи то из куће!«

Хрчка је у сваком случају требало подупрети речима. »Види га, мама, што је сладак.« Ту би се прикључила и Сестра...

Па да: Сестра! Сестра је управо изашла из болнице, Сестра је реконвалесцент, не би јој родитељи тек тако одбили жељу. Ако каже да га је купио њој и ако она, као што свакако хоће, прихвати ту песму, ето велике шансе, ето можда пресудног чиниоца у борби с родитељском (ипак више Мајчином) одбојношћу према држању животиња у стану.

*Јебо те бог!* помисли Дечак.

— Нервни систем, наравно — рече наставница — али који део нервног система? То сам те ја питала.

— Који део? — рече Весна. — Па... то је периферни нервни систем.

Зезнула се, помисли Дечак. За право му смета даде тих шум у разреду: збир неколиких »нннннн« пуштених кроз нос без отварања уста, произведених више рефлексно него свесно, редован и јасан знак да је неко погрешио.

— Неће бити — рече биологичарка. — Размисли мало.

— Наставнице, она станује на периферији — убаци Гага, — па зато...

Крај се не чу од смеха.

— Тишина! — и биологичарка се окрену према Гаги. — Одвикавај се од тог обичаја да говориш без питања. Или можда баш хоћеш да питам тебе уместо ње?

— Хвала, други пут — наглашено учтиво рече Гага.

Смех је овог пута био тиши и ређи. Већини је било јасно да је ситуација ризична: наставници попут биологичарке нису трпели две узастопне упадице и по правилу су узвраћали избацивањем са часа, или јединицом, или жалбом разредном старешини. Биологичарка, међутим, мало зачуди Дечака тиме што се поново окренула Весни не рекавши ништа. *Шта јој би?* помисли, и закључи да се јамачно побојала класичне диверзије: док један скреће пажњу на себе, други шапуће прозваном.

— Дакле? Јеси ли се сетила? Мислим: ако си уопште и знала?

— Знала сам, наставнице, то је оно са жабама... они експерименти, знам... оно: како жаба реагује...

*Кичмена мождина?* помисли Дечак и поче кришом листати по уџбенику.

*Ако жаби одстранимо мозак, можемо пратити како се неки рефлекси остварују само преко кичмене мождине. Жаба се најпре опије етром а затим декапитује (обезглави) маказицама (горњи део главе).*

*Тако је, кичмена мождина*, закључи Дечак и подиже главу. Опасности није било: наставница, окренута њему леђима а Весни лицем, није могла приметити ништа. Дечак виде да му она не заклања Весну сасвим. Даље је све ишло аутоматски: мало је подигао руку, Весна је скренула поглед ка њему, он је хитро прешао кажипрстом по Миркиној кичми.

– Кичмена мождина – рече Весна.
– Најзад! – рече наставница.
Дечак се врати уџбенику.
Стилизоване жабе на илустрацијама деловале су веома човеколико. Главе би тај утисак потрле, или бар умањиле, али није их било: уместо њих, жабе су имале штипаљке. На маргини, одмах поред жаба, било је плавом хемијском оловком написано (и неефикасно прецртано): ЗОРИЦА ПОЗИРА ЗА »СТАРТ«. (Зорица је била кћи Очевог старог пријатеља, прошлогодишња власница уџбеника. Рукопис није био њен.)

*После ових огледа, иглом за препарирање разорите кичмену мождину (увлачењем игле у кичмени канал). Затим опет поновите оглед. Жаба не реагује. Закључак: без кичмене мождине, нема рефлекса. Обратите пажњу на реаговање жабе при разарању мождине. Проверите шта ће се десити кад жабу и уштинете и умочите у киселину? Да ли реагује?*

Осећајући се спремним, Дечак заклопи уџбеник и окрете се да види шта је с Весном. Надао се да ће јој моћи пантомимом пренети оно најважније: »Без кичмене мождине, нема рефлекса.«

— ...Шта се употребљава да се жаби изазову рефлекси?

— Молим? — рече Весна.

— Шта се употребљава? Којим се средствима служимо?

— Да проверимо рефлекс код жабе?

— Да.

Не померајући главу, Весна укоси поглед. Дечак састави палац и кажипрст леве руке, савивши остале прсте у полузатворену песницу; у њу гурну мали прст десне, брзо га извади, поче га отресати и згрчи лице.

— Киселина — рече Весна.

Дечак одахну.

— Која?

Дечак се сети да су поред жаба биле нацртане чаше на којима је писало HCl; али ту пантомима није помагала. Говор још мање: није могао рећи »хлороводонична« а да га наставница не чује. Написати на полеђини уџбеника? И он се маши оловке.

— Сумпорна — рече Весна.

*Краво*, помисли Дечак, готово и не чујући смех око себе. У велику га је срџбу терало сазнање да су му домишљатост и труд отишли у ветар. Још једном је у Вечној Утакмици тријумфовао Наставник над Ђаком; ситуација у којој је Ђак имао реалне шансе изокренула се у последњем тренутку. И то не заслугом Наставника: грешком Ђака! Глупом, глупом, глупом грешком Ђака: та да је сачекала само три секунде, Весна би видела одговор, три секунде је сасвим довољно да се напише HCl и подигне уџбеник.

— Да л си видела такву кретенку? — рече Мирки, не могући да оћути. — »Сумпорна!«

— Везе нема — рече Мирка, тоном готово сасвим равним, као да на: »Како си?« одговара: »Добро сам.« Било је јасно да се, удаљена и равнодушна, огласила само из обзира према свом добром другу. Неко мање близак не би добио ни толики одговор.

Дечак дуну кроз нос и мало се помаче да презриво погледа Весну. То је урадио по инстинкту: озлојеђеност је тражила још хране да би нарасла до критичне количине и тако се могла сама од себе распући. Весна је и даље била на ногама (он се мало зачуди наставничиној упорности), лепо истакнута на зеленој позадини табле; палцем леве руке притискала је дугме на тупом крају чврсто стегнуте хемијске оловке; чуло се равномерно шкљоцање. Гледала је право испред себе, некуда кроз прозор.

Као да је камера која нагло зумира, Дечак угледа њену главу пред самим својим очима. У видном пољу не остаде готово ништа друго. Непокретан, изненада усредсређен, стаде и мимо воље сачињавати инвентар њеног левог профила. *Усне мало стегнуте. Око крупно. Обрва спуштена. Трептање убрзано. Два танка, овлаш раздвојена прамена косе падају до спољног угла ока. Образ црвен, уво црвено. Ноздрва раширена. Испод јагодице лака сенка. Коса густа, светлосмеђа, дуга. Нос узан. Трепавице дуге. Око смеђе. Кожа на лицу чиста. Ситушан младеж на врату, одмах иза угла доње вилице. На слепоочници видљива танка вена. Уво при дну пробушено, али минђуше нема.*

Плућа су тражила своје: Дечак је морао да удахне. Тада се Веснино лице повуче на стварну раздаљину од његових очију. Сада је имао пред собом читаву слику: Веснин торзо и главу изнад неколиких потиљака и полупрофила, таблу и део зида, наставницу два корака испред Весне, високу, дискретно нашминкану, елегантну, господствену, осиону наставницу. *Свињо йокварена*, помисли Дечак, *како те није срамота? Шта је мрцвариш, дај јој кеца па готово! Шта још оћеш? Шта? Шта? Пусти је на миру.*

Весна је стајала и ћутала. Трептање се није успоравало. *Јеботе, још ће и запалакати*, помисли Дечак.


Сузе девојчица, наравно, нису му биле никаква новост. Спочетка, у обданишту, готово их није ни регистровао: тамо је поваздан неко плакао, девојчица или дечак; плакао је којипут и он. У школи се плакање проредило: најчешће је ишло после физичког бола, знатно ређе после прегрубог ругања; остали разлози били су занемарљиви. Периоди суше умели су трајати и месецима, нарочито после другог разреда, али крајем шестог сузе су се поново појавиле. Овог пута само код девојчица, и по правилу су биле ненападне, са минимумом јецања и шмрцања, неки пут и сасвим безгласне. Дечаку и његовим вршњацима биле су смешне и тешко схватљиве, али не само да нису престајале него су капале из све више очију; коначно је дечачки смех почео јењавати, сузе су мање-више добиле статус природне појаве и неприкосновеног права девојчица у пубертету. Природно, неке су девојчице плакале чешће но друге, и неки наставници изазивали сузе чешће но други; при свем том, Дечак би — да га је ико питао — могао навести само две или три своје другарице које никад није видео уплакане. Весна је спадала у огромну већину — једном је чак, не могући да се заустави, морала изаћи са часа — али Дечак је то за тренутак био заборавио. Чинило му се да ће јој сузе, ако пођу, бити прве у животу.

И због чега? Због периферног нервног система. Заправо, због наставничине тврде главе и још тврђег срца. Дечак се зграну пред закључком да може постојати људско биће коме ништа не значи натерати Весну у плач. Не видети да је Весна посебна? Да се разликује – и он обави брзу прозивку – од ћудљиве Јелене, од дебеле Наташе, од празноглаве Тање, мушкобањасте Лидије, умишљене Надице, кривоноге Јасне? Чак и од саме Мирке, која додуше јесте разборита, духовита и сјајан друг... али у нечему (*чему?* упита се успут, али не одговори), у нечему ипак није равна Весни? Не видети нешто тако очигледно?

То може само чудовиште.

Седео је непомично, фасциниран, мотрећи час наставницу, час Весну; у савршеном складу с тим, смењивале су се мржња и нежност, и некако храниле једна другу. Осећао је да би ваљало учинити нешто, некако спасти Весну, изнети је у наручју као ватрогасац или Супермен, однети је из учионице... некуд, у неки предео без биологије. Видео је себе како устаје, добацује наставници јетку и разорну реченицу, кратку и набијену смислом као пословица, којом ће изрећи срж њене нељудске природе, видео је наставницу како бледи погођена истином, чуо је себе како усред мртве тишине мирно говори »хајдемо, Весна«...

...и ту се секвенца прекинула. Знао да неће учинити ништа, јер ништа се и не може учинити. Негде у дну главе сину му сцена у којој Том Сојер спасава Беки Тачер примајући њену кривицу на себе – и тек што је синула, нестаде: сличност је била недовољна. Није постојала никаква кривица, постојало је само незнање; а како узети туђе незнање на себе? Дечак је у том тренутку био спреман да се јединица упише њему уместо Весни, али предобро је познавао стварни свет да би ту могућност озбиљно узео у обзир. Све и кад би се дала извести таква трансакција, он би у свачијим очима — па и у Весниним — испао и превише глуп. Пекло га је што свуда уместо излаза стоји зид, што решења нема ни теоретски, што седи беспомоћан док инквизиција ставља Весну на муке.

— Оћеш жваку?

Дечак се трже. У руци полуиспруженој ка њему Мирка је држала свеже отворен жут пакетић.

Готово истог часа би му све јасно. »Оћеш жваку?« било је речено Миркиним гласом; дизајн пакетића био му је добро познат; све је савршено нормално: Мирка му нуди жваку. Али он неко време није био сасвим ту; бавио се Весном; посебним очима гледао је Весну; шта ако је Мирка то приметила? Та, није могла не приметити. Дечак из стегнутог грла рече: »Мхм«, и послужи се. Није био сигуран да ли је поцрвенео или не.

Док је цепао папирнати омотић, Мирка рече: »Да сам имала апарат при себи, то би била слика године. Кеве ми. Знаш како си изгледао? Као мамин дебилко.«

— Онако, замислио сам се — рече он, контролишући се што је боље умео, надајући се да звучи убедљиво. — Досадно ми.

Онда убаци жваку у уста.

— Досадно ти на биологији? — театрално рече Мирка. — Шта се то с тобом дешава, младићу? Занимљив предмет, дивна наставница, а ти тако. На крају ће ти још, не дај боже, бити досадно и на математици.

— А, не. То никад — једнако театрално узврати он. — Пре ће Сава потећи наопако него што ћу ја...

— Еее, не знаш ти још како то иде — и Мирка замаха главом. — Нагледала сам се ја таквих случајева.

То тако увек почне од ситница, од биологије на пример; а касније, кад узме маха, онда нема шта ти није досадно. Онда је касно за све. Него послушај ти мене па се тргни док још имаш времена.

Слушајући Мирку, Дечак осети да му бива лакше. Бургијање је могло значити само то да стање сматра нормалним, да ипак није приметила ништа.

— Значи, да се оканем лоших навика? — рече.

— Да. Тако ћеш изаћи на прави пут. Ти си добар дечко, биће од тебе нешто. Немој да упропашћујеш своју будућност. Запамти да на млађима свет остаје.

— Испод света мој ти смета — узврати он, враћајући се из театралног манира у обичан говор и у други начин бургијања.

— Пихххх! — рече Мирка. — Баш ти и није неки.

— Шта му фали? — али у себи се морао сложити с њом. Имао је и бољих досетки, откако је прионуо да оживи форму народне римоване доскочице рађену по шаблону: »*испод* + именица *мој те* + глагол.« Основне варијанте — »испод воде мој те боде«, »испод песка мој те треска« — знао је одавно; стајале су му у глави не производећи никакво дејство све до једне Гагине приче у којој се помињала векна. (Векну је Гага, у великој глади, допола појео на путу од пекаре до куће.) Тада се наједном појавила рима, и он је рекао Гаги: »Испод векне мој те звекне.« Што због нове, истински своје риме, што због општег смеха који је изазвала, наставио је да ради у том правцу. У многим разговорима, кад год би се сетио, ловио је именице погодне за римовање; с временом је произвео десетак варијанти, од којих је посебно ценио: »испод вуне мој те муне«, »испод сокне мој те кокне« и »испод цепа мој те цепа«. Бивало му је криво кад је риму морао прећутати: кад би наставница биологије поменула жуч (*исйод жучи мој ѿе мучи*) или Очев аутомеханичар »дизну« (*исйод дизне мој ѿе звизне*).

Гага и Преле држали су отворене уџбенике пред собом на клупи. Преко Гагиног је била свеска, такође отворена; цртао је нешто по њој. Преле је вирио преко његовог рамена, али очигледно без неког успеха: Гага је бранио цртеж док не буде готов, гурајући Прелета левом подлактицом; Дечак га чу како говори: »Чекај, бре, мало, видећеш!« У свесци је очигледно настајала карикатура: Гага их је често цртао.

Гага и Преле, Гага и Преле... нешто је било, досећао се Дечак, нешто због чега су му потребни.

Хрчак!

И Дечак се сети свега. »Гаго!«

Гага је и даље цртао.

— Гаго!

— Нисам ту. Дођите сутра.

— Ајде не сери.

Гага најзад диже главу и окрете му се лицем. »Шта је било?«

— Где оно рече да си набавио хрчка?

— Код мене.

— Где код тебе?

— Код мене у згради. У дворишту. Има један што продаје. Оћеш да купиш?

— Аха.

— Па може. Нема проблема.

— Али хитно ми је. Може сутра?

— Може и данас, ако оћеш.

— Јеби га, немам лову.

— Даћу ти ја, ал да ми донесеш сутра.

— Супер. Донећу ти можда и вечерас.

— О кеј, чекамо се после школе па идемо код њега.
— Важи.
— А што ти је тако хитно?
— Сад је прилика. Зато што су ћале и кева... — и Дечак осети Миркин лакат у ребрима. Наставница биологије, која се мимо обичаја била усходала по учионици, управо је корачала пролазом између њихове и Гагине клупе.

15. IX 1962.

*Ученици VI$_1$ Милић Д., Крстић Б., Максовић З., Каличанин Д. и Ковачевић С. јуче на великом одмору мазали су девојчицу љутом паприком. Извињавамо се другу директору и другарици коју смо мазали, и обећавамо да се то више неће поновити.*

*Ученици VI$_1$*
*Драгољуб Милић*
*Крстић Бранислав*
*Максовић Зоран*
*Каличанин Душан*
*Ковачевић Станоје*

— Шта ти је то? — рече Мирка.
— Нека Ђачка свеска. Из »Вука Караџића«.
— Дај да видим.
Дечак помери свеску за педаљ-два удесно.

9. XI 1962.

*Хтела сам да отворим закључана врата и више нећу то поновити.*

*Пауновић Милица VII$_1$*


*Овим потврђујем да никада нећу да бијем слабијег од себе.*
*Лазић Драгомир VIII$_3$*

19. X 1963.

*Бацио сам авион на наставницу из математике.*

*Прван Лазар VIII₂*

— Одакле ти?
— Сад ми дао Пеђа.
— А откуд њему?

Дечак слеже раменима: »Ваљда од кеве.« Пеђина је мајка била наставница физике, и неколико година је предавала у »Вуку Караџићу«; било је сасвим могућно да је тада у неком орману нашла — или од неког колеге касније добила — свеску у коју су ђаци уписивали своје грехе.

21. II 1964.

*На првом великом одмору Ивановић Саша ударио је столицом Зорана Вуковића у руку. Затим су се посвађали и побили. Али убрзо су престали. Зоран је отишао у WC а Саша у одељење. Зоран је у WC-у сусрео на вратима углаканог Станишу Илића, а у одељењу такође углаканог Драгана Јаковљевића. Саша је обојицу изударао.*

*Али зато обећавамо да се више нећемо свађати и бити убудуће.*

*Зоран Вуковић VI₅*
*Ивановић Саша VI₅*
*Драган Јаковљевић VI₅*

14. V 1964.

*За време одмора бацао сам упаљене шибице на плафон у WC-у.*

*Јоксимовић Благоје VII₅*

10. VI 65.

*То што сам урадио у техничком заводу у петак четвртог јуна обечавам да то више никад нећу учинити а уједно обечавам да се више никада нећу коцкати.*

Р. М. уч. VI$_3$

Дечак и Мирка окретоше главе једно ка другом у исти мах. Све дотле, покајници су били прецизни; одједном се појавио један са комичном тајном. Пре двадесет година Р. М. је у Техничком заводу извео нешто крупније од коцкања, нешто толико... глупо? постидно? штетно? ...да га није хтео ни завијено саопштити. (Или му је било забрањено? Можда није обрукао себе него школу?) За тренутак су се само гледали, задржавајући смех.

– Шта је то урадио манијак? – рече она.
– Појма не знам.

16. X 1965.

*Узела сам од другарице само нешто да напишем и без икаквог промишљаја ставила је у торбу. Мој пар ми је узела и ставила у мантил. На часу је учитељица приметила зато што је девојчица заплакала. То је Рајна рекла и узела оловку из мог мантила и дала тој девојчици. Извините друже директоре никад више то нећу да радим.*

В.Ш., уч. V/2
М.Р., уч. V/2

17-II-1967.

*Пењао сам се на жицу три пута.*
*Нисам требо да се пењем.*
*Обећавам да то никад нећу радити.*

С. Н. III/2

16. III. 1967.

*Моја грешка се састоји у томе што сам наставници из енглеског довикнула да »нећемо на час музичког«. Дакле, није требало своје мишљење на тај начин да искажем. Убудуће ћу своје мишљење задржавати искључиво за себе.*

Љ. А. VIII$_2$

— Па хвала богу — рече Мирка — шта је имала да се дерња? Ћути и пливај даље.

— Ко ће да јој каже? — узврати Дечак. Мирка није имала длаку на језику, и то су знали сви. Готово да није било наставника коме она није понешто одбрусила; а пошто је махом бивала у праву, имала је због тога разноврсних невоља.

— Кењај. Дај да видим шта још пише.

29. V 1968.

*Ја сам ушао са одмора у учионицу и држао сам у џепу цигарету. Кад је почео час ја сам под клупом упалио цигарету не повлачећи ни један дим. Наставница ме је истерала са часа и после часа ученици су ми рекли да је наставница нашла упаљену цигарету. Ја сам отишао до наставници и покушао сам да се оправдам али нисам успео. Наставница је рекла да би могли да ме истерају из школе. Ја сам одговорио да неби могли јер скоро сви дечаци пуше па чак и девојчице. Онда сам ја отишао.*

Р. П. VII₃

# ПЕТИ ЧАС
од 11$^{45}$ до 12$^{30}$

Географију је требало да учи преко викенда. У првој недељи новог тромесечја наставник је само предавао, лако се дало закључити да следи фаза пропитивања, здрав стратешки разум налагао је спремност. Дечак је био решен да загази у географију, али ствари су пошле мимо његовог плана.

Субота му се некако измакла из руку. Део преподнева одузели су му ситни кућни послови (бројнији него обично, јер је радио и Сестрин део) и одлазак с Оцем на пијацу. Поподне је са родитељима обишао Сестру у болници, а кад су се вратили, тек што је прешао једну лекцију и почео другу, банули су кумови (заједно са шестогодишњом ћерком, коју су Отац и Мајка сместа утрапили њему, »ајде, забављај кумче«). Увече се умешала телевизија, са другим делом *Француске везе*.

Недељу је, пак, морао одвојити за математику, кудикамо важнију од географије. Добро урађен писмени задатак био би му и те како користан у целогодишњој и још увек неизвесној борби за четворку. Родитељи га зато нису ни водили Сестри у болницу, »ионако си био јуче, а она сутра излази. Боље седи па учи, таман ћеш имати мира док ми нисмо ту«. Мира је заиста и било, све до друге једначине; а онда се умешао телефон. Гага је хтео да с неким гледа *Ватрене улице*; Мирка се досађивала сама; Зокију (тачније, Зокијевом оцу) био је потребан телефон Мајчиног школског друга који је у општини био »главни за грађевинске дозволе«. Уто су стигли и родитељи са свежим вестима о Сестри. На крају је, после дванаест задатака из математике, само протрчао кроз новије лекције у уџбенику географије.

Сад га је држао отвореног, слабо концентрисан, не знајући хоће ли му у глави остати ишта од података о становништву Југославије. Очи су му с текста бежале на круг при врху стране.

Круг је био подељен на неједнаке разнобојне сегменте: смеђ (Срби), зелен (Црногорци), наранџаст (Хрвати), плав (Муслимани), мрк (Словенци), светложут (остали) и светлољубичаст (Македонци). Тако шарен, био би још и пријатна слика да иза њега нису стајали бројеви који су се морали знати напамет. Наставник их је лиферовао заокружене на најближу хиљаду, али и такви су били незграпни: Срба 8.140,000 (36,3%), Хрвата 4.428,000 (19,8%), Муслимана 2.000,000 (8,9%) – то је био једини округао број; Дечак га је примао са захвалношћу – Словенаца 1.753,000 (или 1.735,000), није био сигуран. Уопште, страх од несвесне пермутације држао га је кад год је требало учити бројеве напамет: у тој лекцији једино је био сигуран у број Муслимана и обредну реченицу: *Према попису од тридесет првог марта хиљаду деветсто осамдесет прве године.*

Био је сит и пресит народа и народности: те групе људи, чинило се, нису имале друга посла до да буду тешко памтљив број и проценат. *Какве сам среће*, помисли, *питаће ме баш то срање*. Бојао се да ће га мимоићи старе лекције, оне у којима је био сигуран: флора и фауна, рељеф, речни сливови...

...речни сливови? Он се трже. Занесен становништвом, није слушао Цалета, који је управо одговарао; тек тада га чу како говори: »...а у јадранском сливу су највеће реке Соча, Зрмања, Крка... Крка, онда Цетина... Бојана и Неретва; овај, Неретва и Бојана«.

Ретко су му се дешавале такве подударности. Бивало је само, који пут, да неку реч — па и целу фразу — изговори неко други, делић секунде пре њега; тада је користио стару *провалу*: »Узео си ми реч из уста; други пут немој, то је нехигијенски.« Бивало је, такође, да на улици сретне неког о коме је управо мислио, и то је највише личило на тренутак од малопре.

Овога пута разлика је била у томе што је случај радио против њега. Сад је имао прилику мање да добије добро питање, и то му је синуло у глави пре но што је стигао да се начуди натприродном поклапању унутарњих догађаја са спољним. Читав један тренутак гледао је у празно, озлојеђен, верујући да је изразит баксуз, жртва злих случајности и људских махинација. *Увек морам ја да испаднем грбав*, мислио је. Нова ветровка украдена у школи сутрадан по куповини; екскурзија пропуштена због назеба (назеба у пролеће!); сат и по у заглављеном лифту; биографија му је била пуна таквих догађаја, доказног материјала било је напретек.

Или...

*Или ће можда још да пита старе лекције?*

Та је мисао деловала лековито, а није морала бити *што је баби мило*: јер зашто би се наставник из чиста мира вратио на партије из првог полугодишта? Да намучи Цалета? Тешко вероватно. Биће да је ипак намислио да изведе мало дубљу проверу.

Што би свакако био обрт на добро. Дечак би се тада могао надати вишој оцени (или бар плусу) све ако и не буде прозван: било би довољно да допуњава оне који застану, а таквих ће без сумње бити више него што би било кад би се наставник бавио нечим свежијим.

— Језера!
— Наша земља је богата језерима — поче Дечак, веома срећан што му се претпоставка обистинила. — У Југославији има око двеста педесет језера. Највећа су тектонска језера, која се налазе у Македонији: Охридско, Преспанско и Дојранско. Тектонска језера, као што сама реч каже, настала су тектонским поремећајима, то јест поремећајима на Земљиној кори. Охридско језеро је наше највеће тектонско језеро и највеће језеро уопште; оно се налази на југозападу Македоније...

Изводио је језера као тенор арију, чувајући се једино крашких (међу њима је постојала подгрупа о којој је запамтио мало). Зато је тектонска и ледничка развлачио што је могао дуже, помињући поврх свега трску у Охридском језеру и зимско клизање на Бледском: из искуства је знао да наставнике импресионирају подаци којих у уџбенику нема. Пришавши му и видевши да у близини нема ниједног отвореног уџбеника, наставник је почео климати главом и повремено говорити »хмм«. То је био добар знак: код њега је неколико »хмм« било увод у »алал ти ћуфте!«, после чега је долазила у најгорем случају четворка. Дечак је био сигуран да ће се домоћи петице ако све остане на језерима — а вероватно и ако не остане, јер било је још лекција у којима је био исто тако добар. *Не мора баш да убоде где не знам*, мислио је, говорећи о чишћењу Палића.

— Алал ти ћуфте! — рече наставник и упути се катедри. Дечак остаде на ногама, пратећи његове покрете: отварање пенкала, кратко трагање по дневнику, уписивање оцене. Четворке? Петице? Пеђа, који је седео у првој клупи до катедре, издужи врат и, не окрећући се, подиже руку као да се јавља за реч. Свих пет прстију било је раширено. Наставник подиже поглед, Пеђа скупи прсте и почеша се њима по глави, Дечак седе.

Седајући, веома обрадован, скрете поглед ка Весни. Весна је нешто шапутала са Тањом, главу уз главу; очигледно веома далеко од његовог тријумфа и географије уопште.

Радост му се разводни. Било би лепо, осећао је, да га је видела баш у том тренутку; не као доброг ђака, него као човека од успеха. Јамачно би и њој било мило, јамачно би се осмехнула.

Овако ништа.

— Добар си — рече Мирка.

Он мало одмаче столицу од клупе, колико да не би морао одговорити одмах. Поред тога, част је захтевала уздржано понашање.

— Јеботе, кад је реко »језера«, мислила сам: готов си.

— Ма какви; ја сам молио бога да ми падне нешто старо.

— Шта је, спремо си се?

— Не. Нисам, мајке ми. Онако знам, запамтио сам.

— Из првог полугођа?

— Па шта, то су све лаке лекције.
— Ти ниси нормалан — осмехну се Мирка.
За све то време Весна се и даље сашаптавала с Тањом. Дечак поче подсећати себе да је управо добио пет из географије и да је то добро.

У себи је посматрао хировиту лопту, велику, загасито наранџасту, допуњену удубљеним црним линијама са којих је личила на стилизовану земаљску куглу. Разуме се, познавао ју је прилично добро, време и тренинг доносили су му све више контроле над њом; ипак је много шта остајало ван његове моћи. Веома је често знао, одмах пошто би му изашла из руку, да од коша неће бити ништа; али то га није превише пекло, пекли су га гранични случајеви. Лопта која само закачи обруч; лопта која оклева на обручу а онда ипак падне ван коша; лопта која, прејако бачена, допола уђе у кош а потом се одбије; и, најгоре од свега, лопта која уђе, учини пун круг у кошу, и излети по тангенти. Пресуђивали су милиметри, делићи секунде, мрвице мишићне енергије; и онда кад би пресудили против њега (како је обично и бивало), срдио се на устројство света. Осећао би да је изостала нека правда: човек који је спретно примио лопту, успешно је довео до рекета или близу њега, финтирао улево и удесно, изврдао све противничке руке пружене за лоптом, стоички примио неколико лактова у ребра, скочио двапут-трипут правећи се да ће шутирати, ухватио тренутак кад га никаква рампа није могла омести, и на крају нациљао и шутирао, заслужује, заслужио је, да лопта уђе у кош и пропадне кроз мрежу.

Но, устројство света заснивало се на стопроцентно ефикасним, безличним законима физике; правда није улазила у паралелограм сила.

Штавише, није ни постојала. Као што пас не зна за боје, или амеба за изохипсу, тако устројство света не зна за правду. Дечак се згрози као на помисао о смрти.

Непостојање правде врло је лепо објашњавало Весну. Зашто би га морала гледати, зашто се не би сашаптавала с Тањом?

Могла се случајно окренути, одупирао се Дечак; могла је из чиста мира, чак и не мислећи на њега, да погледа на његову страну и примети га у тренутку тријумфа. Макар толико. Не мора бити правде, нека буде само мало случајности.

А зашто да буде?

Добро, нека не буде. Руку на срце, не би се ни радило о чистој случајности: та ђаци нормално прате, макар и на пола ува, оно што се дешава на часу; тако је могла и она. Тим пре што је посреди био човек који јој је – практично малопре, на прошлом часу – помогао, колико је био у стању, кад је она била прозвана. Било би сасвим природно да је регистровала његово одговарање, да је из обичне људске радозналости ослушнула о чему је реч и какав је исход.

Било би; али се није десило. Ко те јебе, буразеру.

Дечак заклопи уџбеник. Ако и јесте све пошло наопако, бар су географске бриге пребринуте. До даљега су устукнули привредни центри, национални састав становништва, аутопутеви, речне долине, термоцентрале, клима; предах може потрајати и читавих месец дана.

У сваком случају, на овом часу га више не угрожава ништа.

И он погледа око себе, за тренутак слободан чак и од Весне, тражећи саговорника и начин да убије време.

# После часова
## од 12$^{30}$ до 13$^{10}$

— ...Млевено месо и парадајз сос — говорила је Мирка — а може и кечап, наравно; онда све то сипаш у шпагете, промешаш, удариш пармезан одозго. Знаш каква је клопа? Боли глава. Направићу, зваћу вас.

— Мирка, ја ћу на крају да се удам за тебе, живота ми — рече Зоки. — Зајебаћу Бокија ко вола.

— Мислиш ти — рече Мирка. — *Ала карбонара*, то је исто добро, са сланиницом сецканом.

— У, *карбонара* — рече Дечак — то је просто ко пасуљ. То могу и ја да вам...

...али нога му запе за нешто и он посрну. Да је било простора, пао би, но гужва на степеницама била је прегуста. Уз то, Мирка га је на време зграбила за десни лакат; тако је само налетео на Лидију и неку непознату девојчицу, које су се задесиле на степенику испод његовог. Уздрмане и изненађене, једва су остале на ногама.

Још пре но што је повратио равнотежу, знао је о чему се радило: неко му је био подметнуо ногу. Кад се исправио и окренуо главу, виде Нешу. Неша се трудио да изгледа недужно.

У том тренутку, наравно, Дечак није могао ништа. Под притиском гомиле која је хитала наниже, било би једва могуће закорачити на виши степеник и одржати се на њему; дотле би га Неша могао без проблема гурнути наниже и наузнак. Решење је било сачекати га на дну степеништа.

Док су Лидија и њена другарица протестовале, и док је Мирка испаљивала на Нешу »идиоте! Јеси ли ти нормалан?«, он је ћутао. Силазио је полуосрнут, држећи Нешу на оку; кад се нашао на равном, застаде. Неша је дотле успео да се измакне мало улево, дубље у гужву, да му се не би нашао одмах на ударцу. Дечак га пусти да измакне два-три корака, а затим се поче пробијати према њему.

Тако га је најзад сустигао здесна и с леђа. Ћутећи и даље, левом га руком дохвати за јаку, а десном поче ударати у слабину и ребра. Неша се бранио ударајући десним лактом унатраг, мање-више насумично; најзад га погоди у стомак. Дечак га тада ухвати за десну руку и изви је.

Не нарочито вешто. Тај захват је само виђао, и каткад му бивао жртва, али га никад није увежбавао. Поступак, ма колико био једноставан, остао му је непознат. Просто је стезао Нешину руку обема својима и упињао се да му је повуче иза леђа. То је ишло тешко, јер је највећи део посла пао на леву руку, која се морала носити с Нешином десном.

Неша је настојао да се обрне удесно, и да је око њих био празан простор свакако би то извео истог тренутка. Овако је стиска око њих успорила његов маневар за секунд или два. Дечак схвати да ће изгубити сваку предност ако сместа нешто не учини. Зато повуче Нешину долактицу навише, надајући се да ће захват ипак некако успети.

То још увек није био прави гриф за завртање руке, али Неши је очигледно веома заболело у лакту: застењао је и јекнуо: »Пусти ме!«

— А саплићеш, маму ти јебем? Саплићеш?
— Пусти ме!
— Сутра оћу да видим лову. Јеси чуо?
— Пусти, бре, сломићеш ми руку! Чуо сам!
— Сутра лову, иначе ћу да те изгазим — и Дечак га одгурну обема рукама.

Онда застаде да провери хоће ли он ипак чиме показати да борбу не сматра завршеном; али кад је повратио равнотежу, Неша продужи не осврћући се.

Дечак тек тада осети да онима иза себе донекле препречује пут. Покренувши се, примети да је своју чарку с Нешом већ видео: у десетинама филмова, каубојских и полицијских, у сценама обрачуна.


У дворишту, мало пострани од улазних врата, стајала је Мирка у групици девојчица и, говорећи им нешто, претурала по торби. Оне су чекале исход и помало вириле у торбу. Док је пролазио поред њих, Мирка ослободи руку да му да̂ знак »сачекај ме«. Он климну главом и продужи; кад је изашао из дворишта, одмаче се од капије и стаде. Гледајући низ улицу, примети Весну.

Весна је ходала са Тањом, тапкајући је негде у висини десног рамена. Очигледно је то место било нечим запрашено, јер Тања га стаде чистити левим дланом, наслепо, извијајући раме улево а главу удесно. Један део није могла дохватити, те је чишћење довршила Весна. На првом углу, не застајући, Тања махну руком и скрете лево. Весна продужи сама.

Дечак тада убрза ка њој. То је урадио аутоматски, не размишљајући, као да заједно с њима двема изводи какав добро увежбан маневар. Прелазећи улицу да би се нашао на Тањином тротоару, чу Зокија како га дозива и мало се трже. Надао се да Зоки није приметио тај трзај. Надао се да га опште довикивање и бука саобраћаја могу оправдати. Настојао је да не убрзава превише. Одахну тек кад је Зоки престао.

Весну је дотле била сустигла Наташа и сместа кренула да јој нешто прича.

*До мојега и Наташа*, помисли Дечак, *баш је нашла кад ће да јој се пришљамчи*. Осим што је пред велики подухват било мало нервозе, зла срећа му је поставила још једну препреку: не само што је подметнула Прекобројну Особу на путу до Весне, него и удесила да то буде баш Наташа. Већ ју је видео како у поверењу некоме саопштава: »Он? Он фура с њом још од Нове године.« Или: »Не знаш? Ууу, он се напалио на Весну ко луд — шапуће јој на часу, и све, биологичарка замало да му да кеца — а она ништа.« Или чак: »Туко се с Нешом због Весне, јеботе, једва су их раставили, Камила само што се није шлогирала кад је видела.«

Али није се имало куд. Дечак пожури за Весном и Наташом, залазећи мало улево да их не би сустигао право с леђа него с Веснине стране.


У тих двадесетак корака открила му се, први пут сасвим јасно, разлика између касте лепих и касте нелепих: ма колико смршала, ма како се облачила и шминкала, ма шта радила од себе, Наташа никад неће постати девојка за којом се људи окрећу. Дебљина, схватао је у ходу, имала је с тим врло мало везе; она се само чинила пресудном, будући најупадљивија. Дебљина се да̂ неутралисати: ако се због ње не може бити Лепа Девојка, може се бити Шармантна Буца. Наташа, пак, није ни дотле могла стићи: сметње су биле превелике. Ту је понајпре био ход, понешто расклиман и некако недоучен: трошила је сувише енергије, ходала целим телом, газила јаче но што је требало. Дечак није био сигуран да ли она забацује рамена или избацује карлицу; у сваком случају, ходала је стомаком напред, на начин дебелих жена, мада је била пре широка него трбушата. Начас је виде како кроз тридесет година, у шлафроку и папучама, таквим корацима улази у самоуслугу да обави дневне куповине и како на каси отвара четворе очи проверавајући рачун.

Уз ход је ишао и претеран рад руку: Наташа је морала или гестикулирати, или чупкати поруб јакне, или се тапкати по коси. Говорећи, сваки час би се уносила Весни у лице (као што се свакоме уносила у лице); све је чинила да јој речи буду што убедљивије.

— ...увек да има пет — чу Дечак — па не знам шта да се деси. Да је она одговарала уместо тебе, и да је знала још мање него ти, не би јој ништа уписала. Нема теорије. Правила би се луда, ко да је није ни прозвала.

— Мислиш? — рече Весна.

— Немам шта да мислим, сигурна сам! Па где ти живиш, јеботе, зар не знаш да се биологичарка туца с Тањиним ћалетом?

— Дај, Натали, немој да...

— Сто посто, кад ти кажем! Проверена ствар; није ваљда да ниси знала?

— Одакле да знам?

— Сви знају. Моја мама има неку познаницу у тој згради где станује биологичарка; својим сам је ушима чула кад је причала тати. Видела је, каже, лепо је видела Тањиног ћалета како излази из њеног стана; излази и прави се да...

— Ко излази? — рече Дечак, прилазећи са Веснине стране, зачудивши се што је питање испало прегласно.

Весна га погледа, изненађена нечим — јачином гласа? нечујним приласком? приласку уопште? — а Наташа преусмери свој монолог малтене без застоја, јамачно срећна што се појавио неко ко би могао потврдити њену причу.

— Тањин ћале из биологичаркиног стана. Знаш.

— Појма не знам — рече Дечак, сада ипак задовољан што је Наташа ту. Осећао је да не може одмах ословити Весну, требало му је времена да се прибере, користила му је неутрална тема. — Шта ће он код ње?

То је био чисто тактички потез. Наташа није могла бити сигурна да је он већ чуо довољно да не мора питати; природно, одговориће му; одговарајући, даће му времена да се прибере. Поврх тога, његово »појма не знам« крњило је Наташин аргумент и тиме ишло Весни у прилог.

— Боже, свашта — рече Наташа. — Да л си стварно толико ван тока? Немој ми рећи да ништа ниси чуо.

— Нисам, кад ти кажем.

— Ти си онда последњи.

— Шта ођеш — рече Весна — ево, ни ја нисам знала.

Наташа се насмеја, мало извештачено. »Дакле, вас двоје... ви би требало: за руке, па у Саву.«

Дечак се осети охрабреним тиме што и неко са стране мисли да он и Весна спадају заједно, а Наташа рече: »Шта ће он код ње? Шта мислиш, шта ће?«

Гласом каквим се казују провале, Дечак рече: »Можда јој је оправљао телевизор.«

Весна се насмеја; Наташа не. *Аха*, помисли Дечак. Наташи очигледно није било право што јој он отима публику. Прибирање је тако испало краће но што је мислио: положај му је био учвршћен, осећао се спремним да се истог часа обрати Весни.

Али Наташа рече: »Наиван си ко метла.« То му је говорило да се кључни подухват одлаже. Он ће одговорити Наташи; онда она њему, онда он њој; то може потрајати, нарочито ако и Весна нешто убаци; и тако ће права тема чекати на ред све док Тањин отац и наставница биологије не буду милом или силом избачени из разговора.

— Или се само правиш — настави Наташа.

— Јој, Нале — рече Дечак — немаш појма колико ме боли дупе ко излази из чијег стана.

— Није што излази, него шта ради тамо.

Дечак одмахну руком. — Врло важно. И ја сам излазио из твог стана, а нисмо се туцали.

Весна се закикота, а Наташа рече: »Марш, срам те било.« Он не одговори ништа; трудио се, штавише, да очува неутралан израз на лицу, као што и доликује аутору провале. Весна му се окрете лицем, још увек насмејана, и благо га удари песницом у раме: »Си безобразан.«

Било је много разлога за уживање у том тренутку, али Дечак није хтео да ризикује. Шта ако се Наташа опорави и убаци још коју реченицу? И он погледа Весну право у очи.

— Весна, ти си беше оперисала крајнике, је л тако?
— Јесам.

То је рекла са приличним чуђењем, али није било лако докучити каквим; могло јој је бити криво што се забава прекида, а могла је исто тако и очекивати да Дечаково питање значи увод у неки нов смех.

— Сестра ми је оперисана — рече Дечак. — Данас излази. У ствари, сигурно је већ изашла, кева је још јутрос отишла по њу. Па сам хтео да те питам: шта она сад треба да ради? Мислим: како са клопом, шта сме да једе, и то.

Није био задовољан крајем: јамачно су обе приметиле да се мало сплео. Но, питање му је дало легитиман разлог да и даље гледа Весну у лице.

— Аха — рече Весна и заћута за тренутак. — Па знаш шта: ја се слабо сећам, одавно је било. Имааа... осам година. У септембру ће бити осам. Заборавила сам. Знам само да сам се плашила што ће да ми чачкају по грлу, мислила сам: шта ако им се омакне рука? могу да ме закољу.

— Ниси ваљда? — ускликну Наташа.

— Маме ми миле. Па шта оћеш, мала сам била. Тек сам пошла у први разред. Тад сам први пут лежала у болници, јеботе; све ти је непознато, свега се бојиш.

Дечак претрну. Разговор је скретао с пута пре но што је људски и почео; и не само што је скретао, него је претио да се настави без њега. Ваља спасавати ствар.

— Ја само знам — гласно рече Весни — да првих дана сме само течно. Супу, пире, такве ствари.

— То да, то се сећам.

— А докле? Колико то траје?

Весна нашкуби уста, размишљајући. То је личило на увод у пољубац. Дечак осети како би било надасве лепо бити пољубљен управо тим устима.

— Јао, не знам — рече Весна. — Све сам заборавила. Не знам; пет-шест дана, недељу дана. Тако некако.

— Па рекли су јој у болници, гарантовано — рече Наташа.

*Шта се ја ти мешаш?* врло срдито помисли Дечак. Било му је битно да учврсти разговор, да размени што више реченица с Весном; онда би могао да промени тему, као што већ бива кад људи причају, и да закаже нешто: биоскоп, заједничку вожњу бициклом, нешто где би с њом био насамо. Знајући или не знајући, слутећи или не слутећи, Наташа је то сада рушила.

— Мф, »рекли«! Немој да си наивна. Боли њих дупе, бре; ако се смилостиве, кажу ти; ако не, можеш се сликаш. А и да су рекли, ко зна колико је запамтила. Кад излазиш из болнице, важно ти је само да се макнеш оданде, слабо и слушаш шта ти ко прича. Је л тако, Весна, кажи?!

— Да знаш да јесте. Само да ти врате твоје ствари па да одеш. Немаш појма... ти, Натали, ниси лежала у болници?

— Нисам.

— Немаш појма шта то значи кад скинеш са себе ону спаваћицу; знаш каква је? као да су је извадили из контејнера па само гурнули у вешмашину; уф! — и Весна начини гадљиву гримасу не афектирајући нимало.

— Ја кад сам био, имо сам све укупно два дугмета на пижами, па ни она нису била једнака.

Обе се девојчице насмејаше.

— Озбиљно ти кажем — рече Дечак Весни. — Часна реч. А они печати на вешу, јеботе, ко да си у затвору. А?

— Ја се слабо сећам печата...

— Знаш на шта мислим: они црни, као од туша; на пижами, на чарша...

— Знам, знам, само не сећам се толико њих колико... не знам, све ти дају нешто дроњаво, старо, за три броја веће...

Ма колико му се није разговарало о болници, Дечак је био задовољан: његов дијалог с Весном био је узео маха, Наташа је била истиснута, требало је само издржати. И то не предуго, јер до угла где је Наташа имала да скрене било је још можда само двадесет--тридесет корака.

Но, кад су дотле дошли, и кад је Дечак мало успорио, очекујући да девојчице размене још коју реченицу пре но што се разиђу, Наташа не застаде. Просто је ходала даље.

То није могло бити случајно. Није била толико занесена разговором да би превидела свој угао; морала ју је водити нека јасна намера. Нека ситна куповина: »Наташа, сине, кад пођеш из школе, скокни часком до апотеке...« – или »у самоуслугу«, или већ тако некуд.

– Нећеш кући, Нале?
– Кући? Нееее, идем до Весне.
– Треба да узме неке плоче од мене.
– А ти, где ћеш ти?
– »Куда ћеш«! – рече Дечак, мада је и сам обично говорио »где« уместо »куда«. Било му је преко потребно да мало добије на времену. Наташино питање, ма с каквом намером постављено, било је сасвим легитимно: пут до Веснине куће приметно се разликовао од пута до његове. Поклапали су се само до прве раскрснице, рачунато од школе; он је ту продужавао, а Весна скретала лево.

– Па добро, *куда ћеш*?
– Идем у апотеку – рече Дечак, на време се сетивши своје малопређашње мисли. Радовао се томе: одговор је био двоструко згодан. До апотеке се стизало оним улицама којима су дотад ишли, а одлазак тамо могао се, бар на прву мисао, повезати са Се-

стриним изласком из болнице. Било је објашњено не само зашто је пошао неуобичајеним путем, него и зашто то чини управо сад.

Осим тога, апотека је била готово читав блок иза Веснине куће. Чим Весна и Наташа уђу, он ће моћи да се врати не изгубивши превише времена.

Одговор је дејствовао тачно онако како је и требало. Наташа је само реда ради упитала »је л' за сестру?« и задовољила се његовим »аха.« Весна није ни питала ништа. Дечак се упита не би ли апотеку ваљало подупрети још којом реченицом о Сестри, и сместа закључи да би то било сувишно. Зато је мало оћутао и пустио девојчице да промене тему. О плочама по које је Наташа ишла говорили су све до Веснине капије; он се тада поздравио с њима, продужио још мало ка апотеци, а онда окренуо натраг.

Тек сада га је заболело пуном снагом. Хитна акција спасавања образа, због које се све друго морало привремено повући, била је обављена, и више није имало шта да задржи јед. Осетио је како му се плексус грчи од гадне истине да су сва домишљатост и сав труд — и сав срамотни поступак према Зокију и Мирки — отишли у ветар. Због тога што Наташи (*јебем ти Наташу!*) требају плоче (*јебем ти плоче!*) он не може остати насамо са Весном, чак ни за оно мало времена колико му је требало.

Нешто касније, Дечак се сети да ће Весну видети у школи и сутрадан, и прексутрадан, и сваког радног дана — и да јој, осим тога, увек може телефонирати — али та је мисао мало користила. Горчина се растваÂ рала споро, утолико спорије што је расплет био одложен у последњем тренутку, онда кад је изгледало да препрека више нема. Ходао је натопљен поразом; корачање, мимоилажење с пролазницима и пресецање улица обављали су уместо њега аутоматски уређаји; регистровао је узгред, на по делић секунде, кошуље и телевизоре по излозима, торбу са крупним BIG SHOPPER у руци мршаве жене, јаркоцрвену капу на глави мусавог детета, вишекратно трубљење којим је неко у аутомобилу објављивао своје приспеће неком у оближњој кући.

Околину је поново примио пуном свешћу тек кад је, после много корака, наишао на препреку. Бели »фића« стајао је укосо преко угла тротоара, остављајући непун метар пролаза. Сви остали паркирани аутомобили низали су се поред ивичњака, мање-више блокирајући пут до коловоза. Дечак је ту морао стати, снимити стање ствари и одлучити како да обиђе препреку. Могао је или проћи кроз теснац између зида зграде и »фићиног« предњег браника или се пробити између два аутомобила, наставити коловозом колико мора, и вратити се на тротоар. Није му се силазило; застаде да пропусти пет-шест пролазника из супротног правца који су се провлачили теснацем у колони по један. Тако виде на »фићиним« вратима натпис изведен тамноплавим спрејом преко шаблона:

»RUDI ČAJAVEC«
RO EPU OOUR PSO
BANJA LUKA

Од свих скраћеница у другом реду јасна му је била једино ООУР; премало да се разабере остатак. Прошверцован између двају разумљивих имена, РО ЕПУ ООУР ПСО – шифрована порука, исказ малоумног, реченица на ванземаљском језику – зауставио га је у месту. Које речи могу претходити основној организацији удруженог рада? Које јој следити? Покушавао је да се домисли; знајући да »Руди Чајавец« производи телевизоре, смишљао је речи које би се могле уклопити. Није било ни ТВ ни Т; је ли Е од *електроника* или *електронски*, а прво Р од *радио*? Ако је П од *представништво*, где је Б за *Београд*? Ако представништво није београдско, шта је онда СО? Или је П *производња*; производња чега? Сензорске опреме? Танушно. Средстава осматрања? Не, то делује војно; такве ствари се не рекламирају. Стилских орнамената? Којешта. Губио се у комбинацијама, значење му је измицало. Магловито га је схватао као потребно – јер зашто би иначе, од свега што је могао видети на улици, издвојио баш тај натпис? Веома концентрисан, гледао је несувисле гомилице слова које су биле одговор света на његово стање. Свет му није нудио ни нову шансу, ни утеху, ни заборав; нудио му је бесмислицу; РО ЕПУ ООУР ПСО, говорио је Дечак у себи, РО ЕПУ ООУР ПСО. Онда га обузе жесток смех.

Продужио је сврховито и прибрано: ишао је кући, знао је да иде кући, знао је где је у простору и времену, примећивао је сасвим нормално све пред собом. Девојка је водила крупног расног пса, пас се отимао затежући каиш, имала је муке да га задржи. Човек је прелазио улицу са закашњењем, на семафору је већ било црвено, последњих неколико корака морао је да убрза. Иза угла се појавио млад брачни пар, брадати отац водио је дете за руку, ненашминкана мајка била је видљиво трудна. Пред лутријским киоском стајао је кратак ред. Плакати за концерте Dire

Straits и Неде Украден били су неизмењени: ништа оцепљено, ништа дописано. Жуто-љубичаста самоуслуга била је отворена. Купци су улазили и излазили. Пролазећи, он ипак вирну унутра. Све што је видео спадало је у редован ток ствари.

Пред кућом је стајала родитељска »лада«. То је значило да је Мајка већ довела Сестру и да се, можда, више неће ни враћати на посао. Или да је тек довела Сестру и да ће за који минут пожурити натраг. У сваком случају, Сестра је ту...
...и Дечак се сети да је заборавио на хрчка и Гагу. *Аууу*, помисли. *Ау, јебо те бог!*
Стаде и замисли се. До Гагине куће није било далеко; одлазак, повратак и куповина не би трајала више од пола сата. Уз то, гвожђе је требало ковати док је вруће, док су родитељи још меки због Сестриног повратка. На другој страни стајали су: вероватноћа да Гагу (а можда и продавца хрчака) затекне усред ручка, нелагодност што би новац морао узајмити од Гаге, жеља да што пре види Сестру, и податак да је већ изгубио нешто времена са Наташом и Весном.
*Ма ко му јебе матер*, закључи на крају. *Отићи ћу пополдне.*

Држећи длан на десном крилу капије, обори поглед на патике. Још увек су биле несумњиво нове; али и видљиво начете. Било је по њима мрљица какве остављају капи воде кад испаре са запрашене површине, на предњем делу су се овде-онде већ примећивали набори, на левој је био упадљив отисак нечије туђе (јамачно Нешине); било је јасно да су учествовале у стварном животу. Он одгурну крило и уђе у предворје.

Стакло на урамљеном списку станара било је разбијено; срча је још лежала на поду. Он одгурну ногом неколико крхотина. Готово сваког дана нешто би у предворју, ходницима и лифту било поломљено, или улубљено, или загребано, или упрљано, или однето; било је много станара којима је зграда сметала.

Закључавајући врата стана, Дечак чу Мајчине кораке.

— Ја сам! — довикну не чекајући њено: »Ко је?«

— Тише! — рече она. — Не мораш да се дереш.

— Јеси ли...? — Али није ни морао питати. На једној од месинганих кука у предсобљу висила је Сестрина јакна.

— Довела сам је. Спава, сирота. Ноћас ни ока није склопила; једна нова је све време нешто кењкала, па је долазила сестра да јој мери температуру, па... — И Мајка одмахну руком.

— Иначе, како је?

— Добро је, добро је. Све у реду.

— Супер.

Дечак спусти ранац на под, скиде јакну и окачи је поред Сестрине. Кад је потом подигао ранац, Мајка га упита: »Шта је било данас?«

— Ништа нарочито — рече он.

## Напомена

Неки детаљи овог романа постоје, или су постојали, у тзв. стварном животу. Постојао је, тако, дан у коме се радња одвија: двадесет други април 1985. године. Постојали су и користили се, бар у школској 1985/86. години, сви уџбеници који се помињу. Сви цитати из њих верни су оригиналу. Једнако верно цитирао сам и музичке нумере, плакате и белог »фићу«*. Постојала је (постоји?) и »Школска свеска«; одабране записе преписао сам оданде дословце, изменивши само ђачка имена.

С друге стране, пошто стварност у већим дозама шкоди, ликови су сви до једног измишљени.

*В. Ст.*

---

*Шта значи РО ЕПУ ООУР ПСО? Вероватно: »Радна организација, Електронски производи и уређаји, Основна организација удруженог рада, Продаја, сервисирање и одржавање«.

# БЕЛЕШКА О ПИСЦУ

Влада Стојиљковић (Загреб, 1938 – Београд, 2002), песник, прозни и драмски писац, преводилац и ликовни уметник.

Основну школу и гимназију завршио је у Нишу. Дипломирао је енглески језик на Филолошком факултету у Београду. Радни век је провео је у редакцији Дечјег програма Радио Београда, а радио је и као уредник у листовима за децу »Полетарац« и »Невен«.

Написао је 10 радио драма за одрасле и 19 за децу, од којих су многе извођене и награђиване у више европских земаља (Мађарској, Аустрији, тадашњој Чехословачкој, Словенији), као и преко 80 телевизијских сценарија и неколико синопсиса за цртане филмове.

Објављене књиге: *Кишобран је распродан*, 1972; *Замислите један датум*, 1974; *Сијалица од сто коњских снага*, 1976; *Да ли да се понашам*, 1978; *Одавде довде*, 1978; *Блок 39*, 1979; *Пегава и дебели*, 1982; *Лево раме*, 1986; *Писмописац*, 1995, *Ипсилон: СФ приче*, 1998.

За збирку песама *Блок 39* добио је награде »Невен« и »Младо поколење«, а за изузетан допринос књижевном изразу у стваралаштву за децу награду »Змајевих дечјих игара« (2001).

Превео је са енглеског више књига, од којих су најзначајније *Врли нови свет* Олдоса Хакслија и *1984* Џорџа Орвела, *Леси се враћа кући* Ерика Најта, *Гуливерова путовања* Џонатана Свифта и *Иби поново јаше* Алфреда Жарија, *Кристофер Мартин* Вилијама Голдинга, *Несми-*

*слике* Едварда Лира и *Смешке* Стивена Ликока. Његов превод *Киклопа* Ранка Маринковића на енглески језик ускоро ће се појавити у САД у издању једне америчке универзитетске издавачке куће.

Заступљен је у антологијама: Мирољуб Тодоровић, *Сигналистичка поезија*, 1971; Мирољуб Тодоровић, *Конкретна, визуелна и сигналистичка поезија*, 1975; Душко Радовић, *Антологија српске поезије за децу*, 1990; Димитрије Миленковић, *Све што цвета* (антологија поезије за децу), 1996; Милутин Лујо Данојлић, *Ал се небо осмехива* (антологија српске поезије за децу), 2002; Миливоје Р. Јовановић, *Антологија нишких песника за децу*, 2004; Дејан Богојевић, *Моћ чигре* (антологија српске поезије за децу), 2004; Тихомир Петровић *Антологија српске поезије за децу*, 2006.

Излагао је на изложбама УЛУПУДС-а »Златно перо«. Илустровао је већину својих књига, као и многе књиге домаћих и страних аутора за децу.

Био је члан редакције Интернационалне ревије СИГНАЛ и седамдесетих година активно учествовао у сигналистичком покрету, као и члан Удружења књижевника Србије и Удружења ликовних уметника примењених уметности Србије.

За себе је волео да каже да је »носилац наочара и дугогодишњи члан породице«.

Влада Стојиљковић
ПОЛОВИНА ПОНЕДЕЉКА

Уредник
*Даница Штерић*

Рецензент
*Владимир Андрић*

Ликовни уредник
*Ратомир Димитријевић*

Графички уредник
*Миољуб Попoвић*

Издавач
Издавачко предузеће ПРОСВЕТА А.Д.
Београд, Чика Љубина 1

За издавача
*Драган Мининчић*, в.д. директора

Штампа
АЛТЕРА
Београд

Штампано у 1000 примерака
2008.
ISBN 978-86-07-01816-1

CIP – Каталогизација у публикацији
Народна библиотека Србије

821.163.41 – 31

СТОЈИЉКОВИЋ, Влада
 Половина понедељка : роман / Влада Стојиљковић. – Београд :
Просвета, 2008 (Београд : Алтера). – 133 стр. ; 21 cm
Тираж 1.000. – Белешка о писцу: стр. 133–134.

ISBN 978-86-07-01816-1 (Просвета)
COBISS. SR-ID 147234828

www.ingramcontent.com/pod-product-compliance
Lightning Source LLC
LaVergne TN
LVHW051129080426
835510LV00018B/2320